Martin K. W. Schweer
Wer aufgibt, wird nie Sieger!

Martin K. W. Schweer

Wer aufgibt, wird nie Sieger!

40 Lektionen zur Steigerung der mentalen Fitness

Frank & Timme
Verlag für wissenschaftliche Literatur

ISBN 978-3-7329-0075-6

Herstellung durch Frank & Timme GmbH,
Wittelsbacherstraße 27a, 10707 Berlin.
Printed in Germany.
Gedruckt auf säurefreiem, alterungsbeständigem Papier.

www.frank-timme.de

Wer aufgibt, wird nie Sieger, und ein Sieger gibt nie auf.

Unbekannt

Inhalt

Eine kurze Einführung

Ob im Berufsleben oder im Sport, bei Managern* oder Bürokaufleuten, ob beim Golf oder im Fußball, mentale Fitness ist mittlerweile in aller Munde. Zum Teil sehr spezifisch auf die Verbesserung ganz bestimmter Leistungskomponenten ausgerichtet, zum Teil bezogen auf eine eher übergreifende, umfassende Persönlichkeitsbildung – was noch vor zwanzig Jahren nicht selten verpönt und lieber hinter vorgehaltener Hand diskutiert wurde, hat inzwischen einen ganzen Markt an Angeboten in Gang gesetzt. Ein Blick auf die diversen Bücher, CDs, Seminarangebote und ähnliches illustriert diese Entwicklung eindrucksvoll.

Warum also noch ein weiteres Buch, das sich mit mentaler Fitness und den Möglichkeiten ihrer Verbesserung beschäftigt? Meine Beweggründe hierfür sind:

- Es basiert auf den Ergebnissen der wissenschaftlichen psychologischen Forschung und bietet von daher eine solide Grundlage für die individuelle Auseinandersetzung mit dem Thema.
- Es basiert zudem auf meinen eigenen Erfahrungen in der psychologischen Beratung von Unternehmen, Verbänden, Gruppen und Einzelpersonen.
- Es versucht in anschaulicher Weise, dem interessierten Leser die Kernelemente mentaler Fitness nahe zu bringen, ohne die erforderliche Auseinandersetzung mit relevanten Aspekten inhaltlich unverantwortbar zu verkürzen, diese aber auch nicht unnötig zu verkomplizieren.
- Die besprochenen Themenfelder lassen sich auf die unterschiedlichen Lebensbereiche beziehen, sie stellen somit eine wertvolle Hilfe für einen gelingenden Umgang mit den Anforderungen dar, die tagtäglich in vielfältiger Weise an uns gestellt werden.

---

* Um die Lesbarkeit zu wahren, schließt die Verwendung der männlichen Form die weibliche stets ein.

Die gewählte Darstellung in kurzen Lektionen erfolgt vor allem aus didaktischen Gründen mit dem Ziel, eine möglichst klare und übersichtliche Struktur für den Leser zu schaffen. Hieraus ergeben sich zwangsläufig einige inhaltliche Überschneidungen und Doppelungen, da einzelne Phänomene miteinander verbunden bzw. für unterschiedliche Handlungsfelder bedeutsam sind. Dass also Gedanken an verschiedenen Stellen wiederholt auftauchen, ist explizit gewollt – auf diese Weise lassen sich spezifische Aspekte in einen weiteren Kontext einordnen und tragen somit zu einem vertieften Erkenntnisgewinn bei.

Ich wünsche Ihnen viel Spaß bei der Lektüre, vor allem aber hilfreiche Anregungen zur Verbesserung Ihrer mentalen Fitness – schrittweise und mit nachhaltigem Erfolg!

Lektion 1: Sie können Ihre mentale Fitness trainieren – dies ist der Einstieg!

Ein Denkanstoß

Die größte Entscheidung deines Lebens liegt darin, dass du dein Leben ändern kannst, indem du deine Geisteshaltung änderst.

(Albert Schweitzer, 1875–1965, deutsch-französischer Arzt, Theologe, Musiker und Kulturphilosoph)

Was Sie wissen sollten

- Mentale Fitness ist keine Persönlichkeitseigenschaft wie Ängstlichkeit, Aggressivität oder Intelligenz, sie ist vielmehr eine Umschreibung für das komplexe Zusammenwirken verschiedener Facetten, die zur Leistungssteigerung, zur Reduzierung von Stress und zum psychischen Wohlbefinden entscheidend beitragen.
- Mentale Fitness ist nicht in erster Linie angeboren, sondern vor allem das Ergebnis unserer Erfahrungen und der Einflüsse, die im Zuge unserer lebenslangen Entwicklung kontinuierlich auf uns einwirken.
- Über den (mehr oder minder erfolgreichen) Umgang mit solchen Situationen, die unsere mentale Fitness erfordern, bekommen wir eine Vorstellung davon, wie stark oder schwach diese bei uns individuell ausgeprägt ist.
- Das Bild von unserer eigenen mentalen Fitness spielt für unser Handeln (und damit für die Stärkung oder Schwächung der mentalen Fitness) eine wichtige Rolle: Halten wir uns für mental stark, gehen wir deutlich mutiger und optimistischer an herausfordernde Aufgaben heran, als wenn wir uns für mental schwach halten. Dadurch steigt die Wahrscheinlichkeit erheblich, im ersten Fall auch tatsächlich erfolgreich zu sein, während wir im letzteren Fall eher zu scheitern drohen.

- Im negativen Fall verleitet uns die Bestätigung unserer Überzeugung, mental schwach zu sein, zu der irrigen Annahme, aus eigener Anstrengung an unserer mentalen Fitness nur wenig verändern zu können.
- Gerne nehmen wir Beispiele aus unserem familiären Umfeld als Beleg dafür, dass mentale Fitness doch in erster Linie angeboren bzw. vererbt ist: Der Vater, die Großmutter oder der Bruder verhalten sich doch in ähnlicher Weise. Wir übersehen dabei jedoch, dass diese Personen einer Reihe vergleichbarer Erfahrungen und Lernprozesse ausgesetzt waren bzw. sind – eben, weil sie aus unserem unmittelbaren Umfeld kommen oder entsprechende Haltungen und Einstellungen an uns weitergegeben haben oder noch weitergeben.
- Wir können also stets unsere mentale Fitness verbessern, ganz unabhängig davon, wie schwach oder wie stark diese aktuell ausgeprägt ist.
- Die Arbeit an unserer mentalen Fitness ist keine unangenehme Last, vielmehr macht es Spaß, sich positiv zu verändern und zu bemerken, wie sich darüber das eigene Wohlbefinden und der Umgang auch mit schwierigen Situationen stetig optimieren lassen.
- Auch für die Verbesserung der mentalen Fitness gilt: Es ist noch kein Meister vom Himmel gefallen! Insofern müssen wir uns in Geduld üben und konsequent arbeiten. Viele kleine Schritte führen dabei zu einer konsequenten, nachhaltigen Fortentwicklung.
- Die Lektüre dieses Ratgebers kann ein wichtiger Schritt in die richtige Richtung sein – setzen Sie sich von daher motiviert mit den einzelnen Lektionen auseinander. Nutzen Sie dabei vor allem auch die gegebenen Anregungen, um das Gelesene auf Ihre ganz individuelle Lebenssituation möglichst gewinnbringend übertragen zu können.

Fragen zur weiteren Auseinandersetzung

- Wie schätze ich aktuell meine mentale Fitness ein? In welchen Bereichen halte ich mich für mental stark? In welchen Bereichen sehe ich für mich vor allem Schwachpunkte?
- Wie motiviert bin ich tatsächlich, meine mentale Fitness zu optimieren?
- Wie plane ich ganz konkret die Bearbeitung dieser Lektüre?

Lektion 2: Setzen Sie sich die richtigen Ziele!

Ein Denkanstoß

Nur wer sein Ziel kennt, findet den Weg.

(Albert Schweitzer, 1875–1965, deutsch-französischer Arzt, Theologe, Musiker und Kulturphilosoph)

Kurze Selbstreflexion

- Wie schätze ich mich und mein bisheriges Handeln hinsichtlich des Themas dieser Lektion ein?
- Wie fällt hierzu meine persönliche Stärken-Schwächen-Analyse aus?

Was Sie wissen sollten

- In typischen Situationen unseres alltäglichen Lebens agieren wir oftmals, ohne dass wir uns darüber im Klaren sind, welche Ziele wir mit unserem Handeln eigentlich verfolgen. Dies trifft auf viele berufliche Situationen zu, gilt aber auch für unser Privatleben, etwa im Umgang mit unserer Familie oder für unser Verhalten im Sport- und Freizeitbereich.
- Um möglichst positive Ergebnisse aus unserem Handeln ziehen zu können, ist es notwendig, dass dieses Handeln zielgerichtet erfolgt.
- Setzen wir uns bewusst Ziele, die wir mit unserem Handeln erreichen wollen, werden wir hierdurch stärker motiviert sein, diese Ziele auch zu erreichen, als wenn wir unreflektiert und beinahe automatisiert agieren. Dies ist vor allem dann bedeutsam, wenn uns Hindernisse auf dem Weg zum eigenen Ziel begegnen.
- Selbstverständlich gibt es immer wieder Routinesituationen und -aufgaben, bei denen es keiner besonders eingehenden Zielanalyse bedarf, diese sogar hinderlich sein kann, etwa beim Einkaufen, bei einem Kinobesuch oder bei einem geselligen Beisammensein. In vie-

len anderen Situationen jedoch, vor allem in solchen, bei denen uns bei näherer Betrachtung das Erreichen bestimmter Ziele durchaus wichtig ist, sollten wir unser Verhalten überdenken – bei der Bearbeitung eines bestimmten Auftrages, der uns vom Vorgesetzten übertragen worden ist, bei der Trainingseinheit im Sport oder auch bei dem Konfliktgespräch, das wir mit einem engen Freund führen wollen.

- Zielgerichtetes Handeln bedeutet: Wir müssen uns darüber im Klaren sein, was wir ganz konkret mit unserem Handeln erreichen wollen und auf welche Weise wir beabsichtigen, dieses Ziel dann auch in Angriff zu nehmen.
- Handeln wir hingegen, ohne dabei ein konkretes Ziel vor Augen zu haben, können wir im Nachhinein schwerlich beurteilen, ob unser Handeln erfolgreich gewesen ist (was ist der Maßstab für Erfolg?), an welchen Stellen im Handlungsprozess möglicherweise etwas schief gelaufen ist und inwieweit wir selbst dafür verantwortlich sind.
- Für eine Verhaltensanalyse, die auf kontinuierliche Optimierung ausgerichtet ist, sind dies keine günstigen Voraussetzungen. Zwar werden wir als Folge einer Handlung vielleicht Freude und Stolz oder Enttäuschung und Wut empfinden, allerdings sind doch die Möglichkeiten sehr begrenzt, hieraus die richtigen Lehren für die Zukunft zu ziehen.
- Auch wenn es also sinnvoll ist, sich für anstehende Aufgaben Ziele zu setzen, können dennoch Probleme daraus entstehen, sodass diese Zielsetzungen bei näherer Betrachtung keineswegs förderlich, sondern im Gegenteil schädlich sind.
- Wichtige Kriterien bei der Zielsetzung sind von daher: Ziele müssen realistisch sein, sie dürfen also die eigene Person nicht unter-, aber auch nicht überfordern. Ziele müssen zudem in einem überschaubaren Zeitrahmen erreichbar sein, es bringt nichts, sich Ziele zu setzen, die erst in einigen Jahren realisierbar sind. In solchen Fällen empfiehlt es sich, anstelle eines großen, zeitlich weit entfernten Ziels (bspw. der Aufstieg in die Führungsetage des Unternehmens) sich vielmehr kleine Teilziele zu setzen (in diesem Beispiel also etwa die

Beförderung innerhalb der eigenen Abteilung). Die Setzung von Zielen macht nämlich nur dann Sinn, wenn diese auch überprüfbar sind und tatsächlich überprüft werden. Vor dem Hintergrund einer solchen kontinuierlichen Prüfung lassen sich die eigenen Zielsetzungen – falls erforderlich – anpassen, wenn wir nämlich bemerken, dass sie zu niedrig oder zu hoch angesetzt gewesen sind bzw. dass es sich um falsche Ziele gehandelt hat.

- Da wir oftmals unsere eigene Person über- bzw. unterschätzen und zudem die Bewertung unserer eigenen Leistungen doch sehr subjektiv sein kann, empfiehlt es sich, bei diesem Prozess Menschen hinzuzuziehen, denen wir vertrauen können und die etwas von der jeweiligen Materie verstehen. Auf diese Weise lässt sich die Gefahr reduzieren, bei der Wahl unserer Ziele, aber auch bei der Analyse der Zielerreichung, zu Einschätzungen zu gelangen, die uns in unserer Entwicklung eher hemmen denn voranbringen.

Fragen zur weiteren Auseinandersetzung

- Setze ich mir bislang überhaupt bewusst Ziele? In welchen Situationen bzw. Lebensbereichen tue ich das?
- Inwieweit stimmen bei mir die gesteckten Ziele mit meinem tatsächlich gezeigten Verhalten überein?
- Überprüfe ich die Zielerreichung konsequent? Welche Lehren ziehe ich aus dieser Überprüfung?

Arbeiten Sie langfristig und überprüfen Sie sich kontinuierlich!

- Welche Erfolge haben die von mir vorgenommenen Veränderungen bislang bewirkt?
- Welche weiteren Maßnahmen sind erforderlich?

Lektion 3: Die richtigen Ursachen erkennen!

Ein Denkanstoß

Aber wir stellen uns eben die Zukunft wie einen in einen leeren Raum projizierten Reflex der Gegenwart vor, während sie oft das bereits ganz nahe Ergebnis von Ursachen ist, die uns zum größten Teil entgehen.

(Marcel Proust, 1871–1922, französischer Schriftsteller)

Kurze Selbstreflexion

- Wie schätze ich mich und mein bisheriges Handeln hinsichtlich des Themas dieser Lektion ein?
- Wie fällt hierzu meine persönliche Stärken-Schwächen-Analyse aus?

Was Sie wissen sollten

- Der Volksmund sagt, wenn uns ein Missgeschick passiert: „Aus Fehlern lernt man!" Das stimmt. Voraussetzung ist allerdings, dass wir erkennen, warum wir einen Fehler begangen haben.
- Ob wir Erfolg oder Misserfolg haben, ob Situationen sich so gestalten, wie wir uns das wünschen, oder aber in eine gänzlich andere Richtung verlaufen – Zufallsfaktoren spielen hierfür meist nicht die entscheidende Rolle. Viel ausschlaggebender sind die jeweils beteiligten Akteure.
- Wir müssen nicht bei allem, was tagtäglich mit uns bzw. um uns herum geschieht, nach dem „Warum?" fragen. Wir sollten es aber in allen Situationen tun, die uns wichtig sind und deren positiver oder negativer Ausgang Konsequenzen für uns hat.
- Die entscheidende Frage lautet dann: Welche Ursachen sind für das Geschehene verantwortlich? Es handelt sich also um eine gründliche Analyse der Bedeutsamkeit potenzieller Einflussfaktoren.

- Im Zuge einer solchen Ursachenanalyse sollten wir erkennen: Welche dieser Faktoren können wir künftig beeinflussen, worauf haben wir hingegen wenig oder sogar gar keinen Einfluss? Auf welche Weise können wir die Faktoren, auf die wir selbst Einfluss nehmen können, in eine Richtung lenken, die uns näher zum gewünschten Ergebnis führt?
- Seien Sie bei der Ursachenanalyse vorsichtig: Die Ursachen, die wir für das Geschehene heranziehen, müssen nämlich nicht unbedingt die tatsächlich wirksamen Ursachen sein. Gerne greifen wir – vor allem in negativen Fällen – auf Erklärungen zurück, die uns frei von jeder „Schuld" sprechen. Dieser „Selbstverteidigungsreflex" ist menschlich, aber nicht zielführend. Typische Beispiele solcher Erklärungen sind die schlechte Laune des Vorgesetzten bei der Arbeit, die katastrophalen Platzverhältnisse im Wettkampf oder der Streit mit dem Ehepartner vor einer wichtigen Präsentation.
- Reflektieren wir also stets selbstkritisch unsere Analyse, wobei wir durchaus auch die Meinung anderer, uns vertrauter Personen einbeziehen sollten. Auf diese Weise lassen sich viele „blinde Flecken" im Zuge der Selbsteinschätzung vermeiden.
- Zielgerichtetes Handeln bedeutet: Wir müssen uns darüber im Klaren sein, was wir eigentlich mit unserem Handeln erreichen wollen und auf welche Weise wir beabsichtigen, ein gesetztes Ziel dann auch in Angriff zu nehmen.
- Und noch einmal: Halten wir uns nicht unnötig mit Dingen auf, die wir ohnehin nicht beeinflussen können. Viel entscheidender ist, sich mit aller Kraft den Dingen zu widmen, die wir aus eigener Kraft weiterhin positiv gestalten bzw. ins Positive wenden können. Bei genauem Hinsehen werden wir feststellen, dass es hierfür stets einige Möglichkeiten gibt, denn wir sind eigentlich nie einer Situation komplett hilflos ausgeliefert.
- Auch bei für uns positiv verlaufenden Situationen ist eine solche Ursachenanalyse hilfreich. Denn es gibt stets Möglichkeiten, sein eigenes Verhalten zu optimieren und auf diese Weise zu (noch) zufriede-

ner stellenden Ergebnissen zu gelangen. Die Mühe lohnt sich also immer.

- Diesen Prozess können wir für ganz verschiedene Situationstypen angehen (Wettkampf, Präsentation innerhalb der Abteilung, Kundengespräch, Prüfung usw.), wodurch wir schrittweise Veränderungen in die positive Richtung erzielen werden. Gleichzeitig werden wir immer sensibler für die entscheidenden Ursachenkomponenten und gelangen auf diese Weise zu einer realistischeren Bewertung dahingehend, wie sich diese Situationstypen erfolgreich meistern lassen.

Fragen zur weiteren Auseinandersetzung

- Inwiefern mache ich mir bislang überhaupt bewusst Gedanken über die Ursachen meines eigenen Handelns bzw. des Handelns anderer, wenn ich hiervon betroffen bin? In welchen Lebensbereichen tue ich das?
- Welche Folgen hat eine solche Ursachenanalyse, welche Lehren ziehe ich daraus?
- An welchen Stellen und in welchen Situationen kommt bei mir der „Selbstverteidigungsreflex" zum Vorschein?

Arbeiten Sie langfristig und überprüfen Sie sich kontinuierlich!

- Welche Erfolge haben die von mir vorgenommenen Veränderungen bislang bewirkt?
- Welche weiteren Maßnahmen sind erforderlich?

Lektion 4: Nutzen Sie das Feedback der anderen!

Ein Denkanstoß

Wer uns vor nutzlosen Wegen warnt, leistet uns einen ebenso guten Dienst, wie derjenige, der uns den rechten Weg anzeigt.

(Heinrich Heine, 1797–1856, deutscher Dichter, Schriftsteller und Journalist)

Kurze Selbstreflexion

- Wie schätze ich mich und mein bisheriges Handeln hinsichtlich des Themas dieser Lektion ein?
- Wie fällt hierzu meine persönliche Stärken-Schwächen-Analyse aus?

Was Sie wissen sollten

- Eine wichtige entwicklungspsychologische Erkenntnis ist der Befund, dass Kinder in den ersten Lebensjahren noch nicht zum Perspektivenwechsel in der Lage sind. Sie gehen also davon aus, dass andere Menschen die Welt genauso sehen, wie sie es selbst tun. So denken sie bspw., dass eine Person auf der anderen Seite der Straße diese Straße mit ihren Autos, Fußgängern, Lokalen usw. genauso wahrnimmt, wie sie das selbst tun.
- Im Erwachsenenalter wissen wir natürlich, dass es bei der Wahrnehmung ein und derselben Situation viele und zum Teil gänzlich verschiedene Perspektiven geben kann. Dies gilt nun aber nicht nur für das, was wir sehen, hören, schmecken oder riechen – auch unsere soziale Wahrnehmung ist davon betroffen.
- Von daher ist es immer wieder erstaunlich, wie verschieden ein und dieselbe Situation von unterschiedlichen Menschen erlebt und bewertet wird. Dieses Phänomen zieht sich durch alle Lebensbereiche und verfolgt uns von Kindesbeinen an bis ins hohe Lebensalter. Je älter

wir aber werden, umso größer ist die Gefahr, dass wir angesichts unserer erworbenen Routinen starr an unseren (einseitigen) Vorstellungen festhalten und wenig Bereitschaft zeigen, uns auf die Perspektiven anderer einzulassen.

- Verantwortlich für diese zum Teil sehr unterschiedlichen Sichtweisen sind die Vorerfahrungen, die wir in ähnlichen Situationen gemacht haben. Aber auch unsere Einstellungen und Erwartungen spielen bei der Wahrnehmung unserer sozialen Umwelt eine wichtige Rolle. Inwieweit eine Person etwa ein beobachtetes Verhalten als unangemessen aggressiv erlebt, hängt stark davon ab, ob sie gelernt hat, dass Aggressivität ein probates Mittel der Problemlösung darstellt oder aber im Umgang miteinander absolut inakzeptabel ist.
- Motive und Bedürfnisse des Menschen können zudem in erheblichem Maße beeinflussen, wie einzelne Situationen subjektiv erlebt werden. Im wahrsten Sinne des Wortes will man bestimmte Dinge manchmal gar nicht sehen (wenn bspw. ein von uns hochgeschätzter Mentor eine offensichtlich völlig falsche Entscheidung getroffen hat, suchen wir ggf. nach plausiblen Erklärungen, die dieses Fehlverhalten entschuldigen), auf der anderen Seite will man manchmal unbedingt das sehen, was man sich erhofft hat (so machen wir aus einer durchschnittlichen gerne mal eine sehr gute Leistung).
- Grundsätzlich neigen wir also dazu, die „Wirklichkeit" in unserer Wahrnehmung so zu verzerren, dass sie unseren Vorstellungen möglichst nahe kommt – vor allem aber verzerren wir sie gerne so, dass wir selbst gut dastehen: Gutes wird noch besser gemacht, und weniger Gutes wird auf jeden Fall besser gemacht, als es eigentlich ist.
- Unsere Wahrnehmung folgt also ebenfalls dem bereits beschriebenen „Selbstverteidigungsreflex", denn logischerweise fühlen wir uns besser, wenn wir feststellen, dass unsere Sicht auf die Welt die „richtige" ist (weil sie etwa Freunde teilen, die wir uns entsprechend ausgesucht haben), unser Handeln im Großen und Ganzen also positiv zu bewerten ist.

- Wenn wir nun aber dem Volksmund folgen, nach dem wir ja aus Fehlern lernen können, dann setzt dieser Lernprozess voraus, dass wir Fehler auch als Fehler erkennen und benennen. Wann haben Sie das letzte Mal klar und deutlich zu sich gesagt: „Das war ein Fehler!" Im Sinne der angesprochenen Ursachenanalyse kann uns dabei die Unterstützung anderer Personen helfen, wenn diese uns dazu ermutigen, unsere verzerrte Wahrnehmung der Wirklichkeit immer wieder zu hinterfragen und zu überdenken.
- Wir müssen also bereit sein, unsere Sicht auf die Welt mit der Sicht der anderen zu vergleichen und in der Folge unsere eigene Haltung kritisch zu reflektieren. Hierfür ist nun aber erforderlich, dass wir uns vor allem mit unseren Kritikern auseinandersetzen und nicht mit denen, die uns ohnehin in unserem Urteil bekräftigen. Ja-Sager bringen uns nicht weiter (ein Problem, mit dem gerade auch Personen kämpfen müssen, die einen großen Einfluss haben, mit denen es sich also niemand gerne verscherzen möchte); diejenigen aber, die im Sinne unserer positiven Weiterentwicklung mit uns sachlich, aber schonungslos ins Gericht gehen, können uns in der Tat entscheidend nach vorne bringen.
- Dabei sollten wir beachten, dass eine solche kritische Auseinandersetzung nicht nur dann erfolgen sollte, wenn es schlecht läuft. Kritik macht gerade auch dann Sinn, wenn in der Außensicht vieles positiv erscheint. Es gibt stets Möglichkeiten der Verbesserung. Die Bereitschaft, sich damit auseinanderzusetzen, ist angesichts einer positiven Gesamtsituation deutlich höher (und auch effektiver), als wenn ohnehin Frustration und Enttäuschung (trotz eines schönenden „Tunnelblicks") überwiegen.

Fragen zur weiteren Auseinandersetzung

- Habe ich mir bislang überhaupt schon einmal Gedanken darüber gemacht, nach welchen psychologischen Mechanismen meine Wahrnehmung funktioniert?
- Gibt es Lebensbereiche, für die ich bei mir besonders starke Wahrnehmungsverzerrungen befürchte?
- Inwieweit nutze ich tatsächlich bislang im konstruktiven Sinne das Feedback anderer Personen? Wie schätze ich meine diesbezüglichen Erfahrungen ein?

Arbeiten Sie langfristig und überprüfen Sie sich kontinuierlich!

- Welche Erfolge haben die von mir vorgenommenen Veränderungen bislang bewirkt?
- Welche weiteren Maßnahmen sind erforderlich?

Lektion 5: Seien Sie bereit zur Selbstkritik!

Ein Denkanstoß

Wir müssen unbedingt die Fähigkeit des kritischen Nachdenkens über uns selbst pflegen und die Selbstkritik zu einem wesentlichen Teil der Lebenskunst machen, um nutzbringend und glücklich zu leben.

(William McDougall, 1871–1938, englisch-amerikanischer Psychologe)

Kurze Selbstreflexion

- Wie schätze ich mich und mein bisheriges Handeln hinsichtlich des Themas dieser Lektion ein?
- Wie fällt hierzu meine persönliche Stärken-Schwächen-Analyse aus?

Was Sie wissen sollten

- Wir haben bislang feststellen können, dass wir zum Zwecke eines positiven Selbstbildes grundsätzlich zunächst dazu tendieren, das Gute an der eigenen Person zu überschätzen, während wir das Schlechte an uns selbst gerne unterschätzen. Dies ist ein grundlegender psychologischer Mechanismus, den wir in unserem sämtlichen Denken und Handeln wiederfinden können.
- Wir müssen uns also intensiv damit auseinandersetzen, dass beim Blick auf uns selbst der Grundsatz gilt: Wir sehen vor allem das, was wir sehen wollen!
- Aus Fehlern zu lernen und daraus resultierende Veränderungen in Gang zu setzen, setzt voraus, dass wir bereit sind, Fehler bei uns selbst erkennen zu wollen. Wir müssen also gewillt sein, uns tatsächlich mit unseren eigenen Schwächen auseinanderzusetzen – also uns bewusst auf einen Selbsterkenntnisprozess einzulassen, dem wir in unserem alltäglichen Handeln häufig zu geringe Beachtung schenken,

ihn verdrängen oder auch gezielt vermeiden. Dabei sollten wir uns allerdings auch unserer bereits vorhandenen Stärken besinnen. Auf diese Weise steigt unser Selbstvertrauen, und es fällt uns leichter, gewinnbringend an unseren Schwächen zu arbeiten.

- Entscheidend ist nun aber, eine möglichst zielführende Fehlerdiagnose anzustellen. Hierfür sind als Leitfragen hilfreich: Welche Denkmuster oder Verhaltensweisen haben mich bislang daran gehindert, ein ganz bestimmtes Ziel zu erreichen? Welche Denkmuster oder Verhaltensweisen führen zu Problemen im Umgang mit anderen? Welche Denkmuster oder Verhaltensweisen machen mich generell unzufrieden? Aber auch: Welche Denkmuster und Verhaltensweisen haben mir bisher Erfolg gebracht?
- In einem zweiten Schritt geht es dann um die Frage der gezielten und schrittweisen Entwicklung in eine positive Richtung: Wie lassen sich die negativen Denkmuster oder Verhaltensweisen verändern? Welches sind mögliche konstruktive Alternativen zu den bislang destruktiven Formen eigenen Denkens und Handelns?
- Wie ja bereits angedeutet, laufen solche Denkmuster und Verhaltensweisen oftmals in Form von automatisierten Prozessen ab, ohne dass wir also noch intensiv über deren Zustandekommen oder über deren Wirkungen nachdenken (können). Das Innehalten in Form einer Fehlerdiagnose und der Suche nach konstruktiven Lösungen unterbricht diesen Prozess ganz gezielt, wir setzen uns in der Folge bewusst mit unserem eigenen Handeln auseinander.
- Das Anerkennen eigener Fehler ist kein Makel. Ganz im Gegenteil: Derjenige, der die Stärken vor allem bei sich selbst, die Schwächen hingegen vor allem bei den anderen findet, überschätzt sich maßlos und wird mit seiner Haltung zwangsläufig Probleme im sozialen Miteinander provozieren. Er wird sich langfristig mit dieser Haltung viele Türen verschließen; einmal geschlossene Türen werden sich ihm kaum wieder öffnen.

- Handlungsleitend sollte also stets der Wahlspruch sein: „Schlimm ist es nicht, Fehler zu machen. Es ist aber schlimm, daraus nichts zu lernen." Präziser: Es ist schlimm, daraus nichts lernen zu wollen.
- Selbstkritik sollte aber nicht nur auf die eigenen Schwachpunkte bezogen sein, zur Selbstkritik gehört es auch, das Positive an der eigenen Person zu sehen. Neben den vielen, die sich selbst gerne überschätzen, gibt es nämlich auch solche, die ihr Licht zu sehr unter den Scheffel stellen.
- Das Üben von Selbstkritik mit dem Ziel, gleichermaßen die positiven Anteile zu stärken und die negativen Anteile zu verändern, ist ein schwieriger Balanceakt; dieser Balanceakt stellt aber einen elementaren Baustein auf dem Weg zu einer gesunden Persönlichkeitsentwicklung und damit verbundener mentaler Fitness dar.

Fragen zur weiteren Auseinandersetzung

- Wie sehe ich meine eigene Person?
- Übe ich an mir Selbstkritik? In welchen Lebensbereichen passiert das?
- Über- bzw. unterschätze ich mich? Bin ich überhaupt bereit, mich mit der eigenen Person kritisch auseinanderzusetzen?

Arbeiten Sie langfristig und überprüfen Sie sich kontinuierlich!

- Welche Erfolge haben die von mir vorgenommenen Veränderungen bislang bewirkt?
- Welche weiteren Maßnahmen sind erforderlich?

Lektion 6: Fordern Sie von sich Disziplin und Ausdauer!

Ein Denkanstoß

Es ist nicht der Berg, den wir bezwingen – wir bezwingen uns selbst.

(Sir Edmund Percival Hillary, 1919–2008, neuseeländischer Bergsteiger)

Kurze Selbstreflexion

- Wie schätze ich mich und mein bisheriges Handeln hinsichtlich des Themas dieser Lektion ein?
- Wie fällt hierzu meine persönliche Stärken-Schwächen-Analyse aus?

Was Sie wissen sollten

- Viele uns bekannte Sprichwörter haben ihren wahren Kern, über manche kann man trefflich streiten, aber dieses gehört zweifelsohne zu ersterer Kategorie: „Ohne Fleiß kein Preis!"
- Was oder wer ist alles für den Erfolg verantwortlich? Genannt werden in dieser Hinsicht gerne Begabung, glückliche Umstände, helfende Dritte, zur rechten Zeit am rechten Ort usw. Diese Faktoren sind sicherlich oftmals hilfreich, Disziplin und Ausdauer liefern aber in langfristiger Perspektive ohne Zweifel den größten Beitrag zum eigenen Erfolg.
- Die Betonung liegt hierbei auf dem Aspekt der Langfristigkeit: Wie bei so vielen Dingen im Leben, die wir uns vornehmen, stellen sich die sichtbaren Effekte eigener Bemühungen eben überwiegend nicht bereits nach kurzer Zeit ein – denken Sie an den Beginn eines Ausdauertrainings, an die Mühen im Zuge einer Ernährungsumstellung, an den Antritt einer neuen Arbeitsstelle oder auch an den Beginn eines Hochschulstudiums. Erst darüber, dass wir einen langen Atem entwi-

ckeln, uns also konsequent diszipliniert und ausdauernd verhalten, kommen wir schrittweise den von uns gesetzten Zielen näher.

- Für einen solchen langen Atem ist allerdings eine grundlegende Haltung vonnöten, die bei vielen Menschen zunächst einmal ein Umdenken erfordert – wir werden für die Erreichung der wirklich wichtigen Ziele nicht schnell und unmittelbar belohnt, vielmehr müssen wir oftmals eine erhebliche Zeitstrecke kleinerer und größerer Entbehrungen auf uns nehmen, bevor sich die Mühen nachhaltig positiv auswirken (können).
- Um sich diese Wegstrecke zu erleichtern, sollten wir Zwischenetappen einlegen, innehalten und uns dann über die kleinen Fortschritte weiterhin motivieren – bspw. die ersten zwanzig Minuten Lauftraining ohne Atemnot, die erste bestandene Klausur oder das erste Lob des Vorgesetzten.
- Disziplin und Ausdauer sind diejenigen Faktoren für den eigenen Erfolg, die wir aus eigener Kraft steuern können. Also: Wir haben es selbst in der Hand, einen ganz fundamentalen Beitrag zu unserem Erfolg zu leisten. Diese Erkenntnis müssen wir verinnerlichen: Wir sind nämlich weit weniger fremdbestimmt, als wir es uns manchmal (gerne) einreden.
- Diese Form der Selbstbestimmung müssen wir uns immer wieder vor Augen halten, vor allem auch in Situationen, in denen es uns schwer fällt, uns weiterhin diszipliniert und ausdauernd zu verhalten.
- Logischerweise wird es dennoch immer wieder kleinere Rückschläge geben, die uns zum Nachdenken bringen und unsere eigene Motivation schwanken lässt. Gerade dann ist es jedoch besonders wichtig, sich nicht beirren zu lassen, denn es mag viele Ursachen für Rückschläge geben, Disziplin und Ausdauer sollten jedoch nicht dazugehören!
- Im Grunde genommen ist die Philosophie recht einfach auf den Punkt zu bringen: Wer gut sein will, muss von sich mehr verlangen als der Durchschnitt. Wer besonders gut sein will, entsprechend mehr. Die Entscheidung darüber haben wir selbst in der Hand! Machen wir uns von daher – gerade zu Beginn der Wegstrecke – das Leben nicht

dadurch unnötig schwer, dass wir uns zu viele Ausnahmen zugestehen. Typische Beispiele dafür sind: Man kann ja nicht jeden Tag Höchstleistung erbringen, bei dem schlechten Wetter muss man nicht trainieren, Pausen sind auch nötig. Selbstverständlich sind solche Freiräume zum richtigen Zeitpunkt sinnvoll (dieser wichtige Aspekt wird auch in den weiteren Lektionen noch besprochen werden), zunächst aber sollte sich ein selbstverständlicher Rhythmus herausbilden, der von uns nicht permanent in Frage gestellt werden darf, da dieser eine wichtige Ressource zur Bewältigung weiterer (mentaler) Hindernisse darstellt.

- Disziplin und Ausdauer können auf diese Weise zu einem grundlegenden Prinzip des eigenen Handelns werden und den Weg zum eigenen Erfolg bedeutsam fördern. Hinzu kommt: Sich selbst nichts vorwerfen zu können, wenn wir dennoch auf Stolpersteine stoßen oder wir gar das eine oder andere Ziel nicht (direkt) erreichen, ist für das psychische Gleichgewicht und damit für die eigene mentale Fitness mit ganz erheblichen positiven Effekten verbunden.

Fragen zur weiteren Auseinandersetzung

- Wie schätze ich meine eigene Disziplin und Ausdauer ein?
- Schätze ich den Zusammenhang der eigenen Bemühungen und der resultierenden Ergebnisse meines Handelns richtig ein?
- Handelt es sich dabei um eine grundlegende Haltung oder gibt es zwischen den verschiedenen Lebensbereichen deutliche Unterschiede?

Arbeiten Sie langfristig und überprüfen Sie sich kontinuierlich!

- Welche Erfolge haben die von mir vorgenommenen Veränderungen bislang bewirkt?
- Welche weiteren Maßnahmen sind erforderlich?

Lektion 7: Konzentrieren Sie sich auf das Machbare!

Ein Denkanstoß

Die Ungeduld verlangt das Unmögliche, nämlich die Erreichung des Ziels ohne die Mittel.

(Georg Wilhelm Friedrich Hegel, 1770–1831, deutscher Philosoph)

Kurze Selbstreflexion

- Wie schätze ich mich und mein bisheriges Handeln hinsichtlich des Themas dieser Lektion ein?
- Wie fällt hierzu meine persönliche Stärken-Schwächen-Analyse aus?

Was Sie wissen sollten

- Wir alle kennen diese Aussage, auch wenn es so schwer fällt, sie in unserem täglichen Handeln tatsächlich umzusetzen: Es bringt nichts, sich mit Dingen zu beschäftigen, die wir nicht verändern können. Wir sollten uns vielmehr mit den Dingen intensiv auseinandersetzen, die wir tatsächlich verändern können.
- Selbstverständlich passiert uns in unserem Leben vieles, auf das wir keinen Einfluss haben, was uns aber dennoch keineswegs unberührt lässt; ganz gravierende Beispiele sind Krankheits- oder Todesfälle, betriebsbedingte Entlassungen oder auch Kriminalitätserfahrungen.
- Um aber gerade auch gegenüber solchen sehr gravierenden Ereignissen nicht hilflos und handlungsunfähig zu sein, sollten wir unseren Blick auf ebenjene Aspekte lenken, auf die wir aus eigener Kraft einwirken können. So können wir bspw. die schwere Krankheit eines nahen Angehörigen nicht verhindern, wir können diesem aber sehr wohl mit unserem unterstützenden Verhalten zur Seite stehen und auf diese Weise einen Beitrag zu seiner Genesung leisten. Auch können wir die Unsicherheit des eigenen Arbeitsplatzes vor dem Hinter-

grund der schwierigen Wirtschaftslage nicht mindern, wir können aber durch entsprechende Eigeninitiative (in Form von Weiterbildungen, Kontaktpflege usw.) dazu beitragen, möglichst gut im Falle einer unerwarteten Kündigung gewappnet zu sein.

- Sich auf das Machbare konzentrieren heißt also, sich der eigenen Hilflosigkeit psychologisch zu entziehen: Jede Situation bietet uns Möglichkeiten des eigenen Agierens. Entscheidend ist allerdings, dass wir diese Möglichkeiten auch erkennen und in der Folge dann auch nutzen.
- Je gravierender uns jedoch die (negativen) äußeren Einflüsse erscheinen, die wir also eben nicht im Griff haben, umso eher verkennen wir die Optionen, die sich uns trotz alledem bieten. Besonders spürbar wird dies bei den immer wieder auftretenden Natur- und Umweltkatastrophen, mit denen wir konfrontiert werden und die bei uns ein erhebliches Gefühl fehlender Kontrolle auslösen. Aber auch die viel gescholtene Politikverdrossenheit innerhalb der Bevölkerung (und eine oftmals damit verbundene geringe Wahlbeteiligung) entspringen der Vorstellung unzureichender persönlicher Handlungsoptionen und Einflussmöglichkeiten.
- Wir müssen bereit sein, diesen „Tunnelblick" zu vermeiden und uns darauf zu besinnen, wie wir durch eigenes Handeln die Situation für uns positiv verändern können.
- Je ernsthafter wir uns nämlich tatsächlich mit dieser Frage auseinandersetzen, umso mehr Möglichkeiten des Agierens werden wir finden. Auf diese Weise steigt das eigene Kontrollerleben, Gefühle der Ohnmacht und Hilflosigkeit nehmen ab.
- Eine solche gelebte Haltung, im Kleinen und im Großen, kann selbstverständlich nicht verhindern, dass uns (teilweise auch gravierende) Rückschläge treffen können. Eine solche Haltung führt aber dazu, dass wir mit diesen Rückschlägen nicht destruktiv, sondern konstruktiv umzugehen lernen.
- Die Konzentration auf das Machbare vermittelt in diesem Sinne eine grundlegende Sicherheit, die Anforderungen des Lebens positiv meis-

tern zu können. Diese Sicherheit wird uns vieles mit anderen, nach vorne gerichteten Augen sehen lassen.

- Es sind insofern in der Tat die vielen kleinen Herausforderungen, denen wir uns tagtäglich motiviert mit Blick auf eine erfolgreiche Bewältigung stellen müssen.

Fragen zur weiteren Auseinandersetzung

- Wie viele Ereignisse um mich herum erlebe ich mit einem Gefühl der Hilflosigkeit und fehlender Einflussmöglichkeit? Und in welchen Bereichen sehe ich für mich Handlungsmöglichkeiten?
- Mache ich mir gezielt Gedanken darüber, wie ich meine persönlichen Einflussmöglichkeiten steigern kann?
- Erlebe ich mich in meinem Leben eher agierend oder eher reagierend?

Arbeiten Sie langfristig und überprüfen Sie sich kontinuierlich!

- Welche Erfolge haben die von mir vorgenommenen Veränderungen bislang bewirkt?
- Welche weiteren Maßnahmen sind erforderlich?

Lektion 8: Optimieren Sie Ihr Zeitmanagement!

Ein Denkanstoß

Gebraucht der Zeit, die geht so schnell von hinnen, doch Ordnung lehrt euch Zeit gewinnen.

(Johann Wolfgang von Goethe; 1749–1832, deutscher Dichter)

Kurze Selbstreflexion

- Wie schätze ich mich und mein bisheriges Handeln hinsichtlich des Themas dieser Lektion ein?
- Wie fällt hierzu meine persönliche Stärken-Schwächen-Analyse aus?

Was Sie wissen sollten

- Wir benötigen Zeit für viele Bereiche in unserem Leben, bspw. für die Arbeit, die Familie, den Freundeskreis, unsere sportlichen oder ehrenamtlichen Aktivitäten. Zeit ist eine der wertvollsten Ressourcen, die wir in unserem Leben besitzen. Wir sollten von daher gleichermaßen bewusst und behutsam mit dieser Ressource umgehen.
- Gerade aufgrund der beruflichen Aktivitäten sind die meisten von uns in ihren zeitlichen Möglichkeiten sehr begrenzt, im „normalen" Alltag bleiben nur einige wenige Stunden Freiraum. Eine entscheidende Frage ist von daher: Wie nutzen wir diesen Freiraum? Aber auch: Wie gestalten wir möglichst effektiv und stressentlastend die Erledigung anstehender Aufgaben innerhalb und außerhalb unseres Berufes?
- Ein entscheidender Faktor für das Erleben von negativem Stress ist die wahrgenommene Überforderung aufgrund zeitlicher Enge. Also: Wir fühlen uns nicht deshalb überfordert, weil wir glauben, den zu erledigen Aufgaben inhaltlich nicht gewachsen zu sein; vielmehr fühlen wir uns überfordert, weil wir merken, nicht ausreichend Zeit zu haben, um diese Aufgaben in der aus unserer Sicht erforderlichen Ruhe

und Sorgsamkeit angehen zu können. Spätestens solche Situationen sollten uns dazu veranlassen, über unser eigenes Zeitmanagement nachzudenken.

- Ein gutes Zeitmanagement bedeutet, die verfügbare Zeit möglichst effektiv zu nutzen. Selbstverständlich hat für jeden von uns der Tag nur 24 Stunden und die Stunde nur 60 Minuten, allerdings haben wir durchaus Kontrolle darüber, wie wir mit diesen objektiven Rahmenbedingungen umgehen. Die erste entscheidende Erkenntnis mit Blick auf ein gutes Zeitmanagement besteht dementsprechend darin, sich nicht in die Rolle des Getriebenen drängen zu lassen bzw. sich sogar selbst zu drängen, sondern vielmehr zu begreifen, dass jeder von uns Einfluss auf den Umgang mit seinen zeitlichen Ressourcen nehmen kann. Diese Erkenntnis, die uns selbst vom Passiven zum Aktiven führt, kann bereits in hohem Maße stressreduzierend wirken.
- Im Sinne einer möglichst genauen Diagnose dahingehend, wie wir selbst mit unserer Zeit umgehen, ist es sinnvoll, sich über einen etwas längeren Zeitraum (bspw. einen Monat lang) genau zu notieren, mit welchen Aktivitäten der Tag ausgefüllt ist und wie viel Zeit wofür konkret investiert wird.
- Eine solche Diagnose beantwortet eine Vielzahl entscheidender Fragen: Setzen wir unser Zeitbudget tatsächlich mit entsprechender Gewichtung für die Aktivitäten ein, für die wir sie auch einsetzen wollen? An welchen Stellen „verschwenden“ wir Zeit und könnten sie leicht einsparen? Welchen Bereichen unseres Lebens widmen wir entgegen unseren Wünschen oder Ansprüchen viel zu wenig oder auch zu viel Zeit?
- Optimales Zeitmanagement bedeutet dabei aber keineswegs, den gesamten Tag verplant zu haben. Es ist sinnvoll und wichtig, Zeit zur eigenen Muße zu haben, auch dieser Aspekt sollte bei der Diagnose des eigenen Zeitbudgets berücksichtigt werden.
- Vor dem Hintergrund einer solchen Bestandsaufnahme lassen sich bereits verschiedene Veränderungen einleiten, die uns dabei helfen

können, den eigenen Tagesablauf stressfreier, zielführender und zufriedenstellender zu gestalten.

- Ungeachtet dessen lassen sich Situationen nicht vermeiden, in denen wir das Gefühl haben, dass zu vieles gleichzeitig auf uns hereinstürzt. Auch kann es selbstverständlich passieren, dass wir tatsächlich (vor allem eben auch im beruflichen Kontext) zu vielen Aufgaben in einem zu engen zeitlichen Rahmen ausgesetzt sind. In diesen Situationen ist Folgendes ganz wichtig: Innehalten, sich einen Plan machen und nach dem Motto agieren, die einzelnen Aufgaben nacheinander anzugehen. Anstehende Aufgaben überstürzt, in Eile oder eher oberflächlich erledigen zu wollen, führt nur dazu, dass die Bearbeitung oftmals länger braucht als beabsichtigt, was zudem eine unbefriedigende Qualität hervorbringt. Entscheidend ist also, in solchen Situationen die subjektive Kontrolle über das Geschehen zu behalten. Hierzu gehört dann gleichermaßen die Option, einzelne Aufgabenbereiche zeitlich zu entzerren oder diese sogar ganz zu streichen.
- Stellen wir also fest, dass die Aufgaben, die wir uns zumuten oder die uns von dritter Seite (bspw. von unserem Arbeitgeber oder der Familie) zugemutet werden, in dieser Anhäufung dauerhaft von uns nicht befriedigend zu bewältigen sind, ist dringender Veränderungsbedarf angezeigt – ansonsten besteht die Gefahr, dass wir auf kurz oder lang psychische und/oder somatische Konsequenzen zu tragen haben. Die oben beschriebene Diagnose des eigenen Zeitbudgets kann ein guter Aufhänger sein, um auch andere von der Notwendigkeit einer solchen Veränderung zu überzeugen.

Fragen zur weiteren Auseinandersetzung

- Habe ich häufig das Gefühl, der Tag könnte noch einige Stunden mehr haben?
- Mache ich mir Gedanken darüber, wie ich meine Zeit einteile?

- Was würde sich für mich verändern, wenn ich tatsächlich deutlich mehr Zeit zur Verfügung hätte?

Arbeiten Sie langfristig und überprüfen Sie sich kontinuierlich!

- Welche Erfolge haben die von mir vorgenommenen Veränderungen bislang bewirkt?
- Welche weiteren Maßnahmen sind erforderlich?

Lektion 9: Das Leben ist eine Herausforderung, keine Bedrohung!

Ein Denkanstoß

Das Glück des Lebens besteht nicht darin, wenig oder keine Schwierigkeiten zu haben, sondern sie alle siegreich und glorreich zu überwinden.

(Carl Hilty, 1833–1909, schweizerischer Staatsrechtler)

Kurze Selbstreflexion

- Wie schätze ich mich und mein bisheriges Handeln hinsichtlich des Themas dieser Lektion ein?
- Wie fällt hierzu meine persönliche Stärken-Schwächen-Analyse aus?

Was Sie wissen sollten

- Wir alle nehmen das Leben und das, was uns tagtäglich geschieht, ganz individuell und von daher zum Teil auch sehr unterschiedlich wahr. Was für den einen schwierig ist, fällt dem anderen ganz leicht, was sich für den einen als großes Problem darstellt, ist für den anderen unkomplizierte Routine, was dem einen Freude bereitet, gefällt dem anderen noch lange nicht.
- Mit Blick auf die vielfältigen Anforderungen, die an uns gestellt werden, hängen diese unterschiedlichen Wahrnehmungen in erster Linie damit zusammen, inwieweit wir uns selbst zutrauen, eine bestimmte Aufgabe positiv zu bewältigen. In diesem Sinne kennen wir alle die Einschätzung des Erfahrenen: „Das ist aber doch nun wirklich nicht schwer." Und die typische (meist ärgerliche) Reaktion darauf: „Wenn man es kann, ist es natürlich auch nicht schwer."
- Selbst wenn es zunächst etwas gewagt anmutet, so lassen sich aber doch diese fundamental unterschiedlichen Haltungen prinzipiell durchaus auf das Leben an sich übertragen: Sind wir der Überzeu-

gung, dass wir unser Leben meistern (werden) oder sind wir eher der Meinung, den an uns gestellten Prüfungen nicht gewachsen zu sein?

- Entscheidend dafür, wie wir zum jetzigen Zeitpunkt diese Frage beantworten werden, sind natürlich unsere bisherigen Erfahrungen – bestärken sie uns in der Haltung, die an uns gestellten Aufgaben im Griff zu haben, oder lassen sie uns an dieser Überzeugung zweifeln? Wir sollten unbedingt bestrebt sein, unser Bewusstsein kontinuierlich dahingehend zu stärken, dass wir die Aufgaben des Lebens meistern werden.
- Eine grundsätzlich eher pessimistische Haltung wird nämlich zur Folge haben, dass wir bereits eher skeptisch bzw. pessimistisch auf neue Anforderungen reagieren werden. Diese Haltung alleine erhöht schon im Sinne einer sich-selbst-erfüllenden Prophezeiung die Wahrscheinlichkeit des Scheiterns. Und etwas Weiteres kommt noch hinzu: Wir neigen mit einer solchen Haltung dazu, uns bestimmten Anforderungen erst gar nicht zu stellen, wir vermeiden sie also systematisch. Insofern berauben wir uns bereits (häufig unbewusst) einer Reihe von Chancen, um uns selbst zu beweisen, dass unsere zurücknehmende Haltung eigentlich völlig unbegründet ist.
- Die zentrale Frage dafür, wie positiv wir durch unser Leben gehen, lässt sich insofern – überspitzt formuliert – anhand der beiden gegenteiligen Beschreibungen festmachen: „Ich betrachte das Leben als eine permanente Herausforderung“ versus „Ich betrachte das Leben als eine permanente Bedrohung.“
- Das Leben als Herausforderung begreifen, impliziert Aktivität, Optimismus, Engagement und Zuversicht. Das Leben als Bedrohung erleben, impliziert hingegen Passivität und Pessimismus, Stress und Angst, insgesamt ein Gefühl des Ausgeliefertseins.
- Ein wesentlicher Bestandteil mentaler Fitness ist es von daher, die verschiedenen Facetten des Lebens als eine Herausforderung zu begreifen, der man sich aktiv stellen kann – und dies auch gerne tut. Diese Haltung bedeutet nicht, in allen Situationen erfolgreich und zufrieden zu sein oder gar für alle Lebenslagen über wirksame Patent-

rezepte zu verfügen. Es bedeutet aber, immer wieder nach vorne zu schauen, sich nicht entmutigen zu lassen, eine positive Grundhaltung zu entwickeln und diese stetig zu festigen.

- Nur über den Mut, sich auf viele verschiedene Anforderungen einzulassen, können wir effektive Strategien für den erfolgreichen Umgang mit diesen aufbauen. Auch dabei gilt: Übung macht den Meister! Von daher ist das Scheitern auf einer einzelnen Etappe nicht dramatisch, solange wir bereit sind, aus begangenen Fehlern zu lernen, beim nächsten Mal anders an die Aufgabe heranzugehen und über den Erfolg sukzessive zu der Überzeugung zu gelangen, den vielen Facetten, die uns das Leben bietet, neugierig begegnen zu können und für alle Herausforderungen gewappnet zu sein.
- Der Blick auf diejenigen, die uns eine solche Haltung vorleben, ist gerade in schwierigen Situationen äußerst hilfreich und kann uns motivieren, eben nicht zu resignieren, sondern an unserem Bestreben festzuhalten bzw. dieses sogar noch zu verstärken.

Fragen zur weiteren Auseinandersetzung

- Habe ich häufig das Gefühl, den Anforderungen des Lebens nicht gewachsen zu sein?
- Mache ich mir Gedanken darüber, mit welcher Grundhaltung ich an die verschiedenen Aufgaben herangehe?
- Wenn ich in die Zukunft schaue: Überwiegt bei mir eine grundsätzlich positive oder eher eine abwartende, vielleicht sogar negative Haltung?

Arbeiten Sie langfristig und überprüfen Sie sich kontinuierlich!

- Welche Erfolge haben die von mir vorgenommenen Veränderungen bislang bewirkt?
- Welche weiteren Maßnahmen sind erforderlich?

Lektion 10: Klären Sie für sich den Unterschied zwischen Erfolg und Misserfolg!

Ein Denkanstoß

Failure is only the opportunity to begin again more intelligently.
(Misserfolg ist lediglich eine Gelegenheit, mit neuen Ansichten noch einmal anzufangen.)

(Henry Ford, 1863–1947, US-amerikanischer Unternehmer, Gründer des Automobilherstellers Ford Motor Company)

Kurze Selbstreflexion

- Wie schätze ich mich und mein bisheriges Handeln hinsichtlich des Themas dieser Lektion ein?
- Wie fällt hierzu meine persönliche Stärken-Schwächen-Analyse aus?

Was Sie wissen sollten

- Für unsere mentale Fitness ganz entscheidend ist die Frage, wie wir unseren eigenen Umgang mit Leistungssituationen beurteilen. Ob im Beruf, im Sport, bei ehrenamtlichen Aufgaben – schätzen wir uns als insgesamt erfolgreich ein oder erleben wir gehäuft Misserfolge?
- Vielfach verlieren wir bei unserer Einschätzung aus dem Blick, dass das Erleben von Erfolg und Misserfolg keineswegs objektiven Kriterien folgt, sondern ganz alleine von dem jeweiligen Bewertungsmaßstab abhängt, den wir (oder andere) hierfür ansetzen. Ein ganz einfaches Beispiel: Wem es gelingt, bereits nach wenigen Tagen des Skifahrens als Anfänger die Piste einigermaßen sicher herunterzufahren, wird dieses sportliche Ergebnis ganz anders bewerten (und zwar vermutlich als Erfolg) als jemand, der bereits seit vielen Jahren ein erfolgreicher Skiläufer ist. Genauso wird ein Schüler, der bislang keinerlei Schwierigkeiten in Mathematik hatte, die Note „befriedigend" in

einer Klausur anders bewerten (in diesem Fall vermutlich als Misserfolg) als ein Schüler, der stets um ein Bestehen in naturwissenschaftlichen Fächern kämpfen musste.

- Ungeachtet der Tatsache, dass also die Bewertungsmaßstäbe für Erfolg und Misserfolg sehr unterschiedlich sein können, sind die Auswirkungen erlebten Erfolgs und Misserfolgs leicht vorhersehbar: Während Erfolg in der Regel mit positiven Gefühlen verbunden ist (Stolz, Freude, Stärkung des eigenen Selbstvertrauens), findet erlebter Misserfolg seinen Niederschlag in Gefühlen des Schams und des Ärgers, aber auch in einer Abnahme des Zutrauens in die Fähigkeiten der eigenen Person.
- Genau diese doch durchaus gravierenden Konsequenzen, die Erfolg und Misserfolg bei uns selbst hinterlassen, machen es erforderlich, über unsere eigenen Bewertungsmaßstäbe nachzudenken: Wann bewerten wir unser eigenes Handeln eigentlich als erfolgreich, wann hingegen attestieren wir uns einen Misserfolg?
- Zur Beantwortung dieser Frage ist es ebenfalls ratsam, sich ein wenig Zeit für eine genauere Diagnose zu nehmen: Klassifizieren wir über einen längeren Zeitraum (bspw. einen Monat lang) einmal ganz bewusst unsere persönlichen Leistungen nach den Kategorien „Erfolg" versus „Misserfolg". Nachdem wir uns dann jeweils für eine dieser beiden Kategorien entschieden haben, notieren wir in einem zweiten Schritt die Gründe, weshalb wir unsere Leistung so oder eben anders beurteilt haben.
- Mit Hilfe dieses Vorgehens können wir einen oftmals automatisiert ablaufenden Prozess unterbrechen: Zum einen erkennen wir, wie viele Leistungssituationen wir bei uns selbst eigentlich als erfolgreich oder als nicht erfolgreich erleben – sind wir mit diesem Ergebnis zufrieden? Haben wir vielleicht einen „Tunnelblick" und überschätzen/unterschätzen wir systematisch den Anteil eigener Erfolge oder Misserfolge im Zuge der Gesamtbilanz? Zum anderen, und dies ist der entscheidende Punkt, lernen wir wesentlich genauer unsere subjekti-

ven Bewertungsmaßstäbe kennen, die uns zu der Entscheidung „Erfolg" versus „Misserfolg" führen.

- Diese Bewertungsmaßstäbe sind es eben, welche den entscheidenden Ausgangspunkt für mögliche Veränderungen darstellen: So könnten wir bei genauerem Hinsehen bspw. feststellen, dass wir nur deshalb vielfach scheitern (müssen), weil die von uns angelegten Erfolgskriterien für die eigene Person völlig überzogen sind. Umgekehrt könnten wir aber auch zu dem Ergebnis gelangen, dass ein sich selbst zugeschriebener Erfolg letztendlich nur darauf zurückzuführen ist, dass wir bei uns selbst (vielleicht auch im Gegensatz zur Bewertung der Leistungen anderer Personen) die Messlatte zu niedrig anlegen. Und schließlich werden wir ggf. Unterschiede zwischen verschiedenen Situationstypen oder auch Lebensbereichen ausmachen, die uns weitere aufschlussreiche Informationen über unser subjektives Klassifizierungssystem liefern können.
- Da wir selbstverständlich bei der Beurteilung unserer eigenen Person oftmals viele „blinde Flecken" haben, uns also nicht selten unrealistisch positiv oder negativ bewerten, ist es bei einer solchen Diagnose sehr hilfreich, zuverlässige dritte Personen hinzuzuziehen – wie bewerten diese uns in verschiedenen Leistungssituationen, und welche Kriterien für „Erfolg" versus „Misserfolg" führen zu deren Urteil? In welcher Hinsicht ergeben sich Diskrepanzen zur eigenen Einschätzung, worin sind diese Diskrepanzen begründet?
- Nutzen wir also das Gespräch mit diesen Personen, machen wir unsere Leistungseinschätzungen nicht alleine mit uns selbst aus, sondern hinterfragen wir gleichermaßen die eigenen Bewertungsmaßstäbe wie jene der anderen Personen. Ein solcher Diagnoseprozess ist auch sehr hilfreich, wenn wir in unserem Leben (etwa als Vorgesetzter oder als Trainer) Menschen in Leistungssituationen beurteilen müssen; es lassen sich viele Fehlbeurteilungen verhindern, wenn wir uns immer wieder die Grundlagen der eigenen Einschätzungen über Erfolg und Misserfolg genau vor Augen führen und bereit sind, diese zu hinterfragen.

- Ein auf diese Weise geschärfter und ggf. veränderter Bewertungsmaßstab ist die Voraussetzung dafür, für sich selbst ein realistischeres Anforderungslevel mit Blick auf die verschiedenen Situationstypen und Lebensbereiche zu etablieren, das dann nach weiterem Erfolg oder eben auch Misserfolg entsprechend korrigiert werden kann. Insofern handelt es sich bei dieser Aufgabe um einen permanenten Entwicklungsprozess, der sich langfristig äußerst positiv auf das individuelle Leistungsvermögen und die mentale Fitness auswirken wird.

Fragen zur weiteren Auseinandersetzung

- Betrachte ich mich insgesamt eher als einen erfolgreichen Menschen oder dominiert bei mir in meinen Augen der Misserfolg? Gibt es in dieser Hinsicht Unterschiede zwischen den verschiedenen Lebensbereichen?
- Mache ich mir bewusst Gedanken darüber, wie ich überhaupt zu meiner Bewertung von Leistungssituationen komme? Was ist für mich eigentlich Erfolg, in welchen Situationen erlebe ich Misserfolg?
- Tausche ich mich über meinen Erfolg oder Misserfolg mit anderen Menschen aus? Stelle ich Diskrepanzen zwischen den eigenen Einschätzungen und den Einschätzungen anderer mit Blick auf meine Person fest?

Arbeiten Sie langfristig und überprüfen Sie sich kontinuierlich!

- Welche Erfolge haben die von mir vorgenommenen Veränderungen bislang bewirkt?
- Welche weiteren Maßnahmen sind erforderlich?

Lektion 11: Gehen Sie konstruktiv mit Niederlagen um!

Ein Denkanstoß

Wer Großes versucht, ist bewundernswert, auch wenn er fällt.

(Lucius Annaeus Seneca, ca. 4 v. Chr. – 65 n. Chr., römischer Politiker, Philosoph und Dramatiker)

Kurze Selbstreflexion

- Wie schätze ich mich und mein bisheriges Handeln hinsichtlich des Themas dieser Lektion ein?
- Wie fällt hierzu meine persönliche Stärken-Schwächen-Analyse aus?

Was Sie wissen sollten

- Der Umgang mit Leistungssituationen bringt es zwangsläufig mit sich, dass uns keineswegs nur Erfolg vergönnt ist, Misserfolge gehören (leider) ebenso immer wieder zu unseren Erfahrungen. Das ist eigentlich selbstverständlich, wir verlieren diese Selbstverständlichkeit aber oftmals aus dem Blick.
- Sicherlich streben wir alle nach Erfolg, aber auch der Misserfolg kann uns weiterbringen – in langfristiger Perspektive manchmal sogar mehr als der Erfolg.
- Konstruktiv mit Niederlagen umzugehen bedeutet von daher, dass wir jeden Misserfolg als eine Chance betrachten, uns zu verbessern, hinzuzulernen und uns weiterzuentwickeln.
- Es ist also keinesfalls eine sinnvolle Strategie, eine erlebte Niederlage möglichst schnell „abzuhaken", ohne sich wirklich damit auseinandergesetzt zu haben. Diese Strategie ist zwar in kurzfristiger Hinsicht selbstwertdienlich, vermeidet sie doch die unangenehme Beschäftigung mit unseren Schwachstellen. Allerdings ist von einer solchen

Strategie kein langfristiger Erkenntnisfortschritt zu erwarten, und die Gefahr ist groß, künftig aufs Neue ähnliche Fehler zu begehen.

- Ein konstruktiver Umgang mit einer Niederlage besteht zunächst darin, diese auch als solche anzuerkennen – ohne Wenn und Aber, ohne das Suchen nach Ausreden oder nach Verantwortlichkeiten, die nichts mit uns selbst zu tun haben.
- Entscheidende Fragen, die uns weiterbringen können, sind von daher vielmehr: Wie ist es zu dieser Niederlage gekommen? Habe ich die anstehende Aufgabe anders/falsch eingeschätzt? Welche Fehler habe ich im Umgang mit der Leistungssituation begangen – im Vorfeld (bei der Vorbereitung, bei der Einbeziehung anderer Personen usw.) oder auch in der Situation selbst (während der Ausführung, im Umgang mit den anderen Beteiligten usw.)?
- Aus einer solchen ungeschminkten Fehleranalyse lassen sich dann Konsequenzen für künftige, ähnliche Situationen ableiten. Das Lernen aus dem Misserfolg führt nämlich zwangsläufig zu einer Verhaltensänderung hinsichtlich kommender Leistungssituationen; es kann ggf. auch zur Folge haben, dass wir bestimmte Anforderungen in dem Bewusstsein, dass sie von vornherein zum Scheitern verurteilt sind, in dieser Form erst gar nicht mehr angehen werden.
- Bei der Fehleranalyse ist es ebenfalls zielführend, wenn wir diese nicht alleine mit uns selbst ausmachen, sondern zudem die Einschätzungen anderer Personen hinzuziehen, die mit der jeweiligen Aufgabe vertraut sind und denen wir unser Vertrauen schenken. Auf diese Weise lässt sich der bereits angesprochene „Tunnelblick" vermeiden, damit wir unser Verhalten einerseits nicht schön reden, es andererseits aber auch nicht völlig verzerrt, negativ wahrnehmen.
- Die Fehleranalyse in Bezug auf erlebte Misserfolge sollte dauerhaft und kontinuierlich geschehen, denn aus jeder Niederlage lassen sich Lehren für künftige Anforderungen ziehen. Außerdem werden wir sensibel für besonders „hartnäckige" Fehler und Schwächen, die sich immer wieder einschleichen und deren Veränderung von daher besonderes Engagement und Ausdauer unsererseits erfordert. Wichtig

ist, dass es hierbei keine Tabus in der Art geben darf, dass wir glauben, bestimmte Routinen, Denk- oder Handlungsmuster nicht verändern zu können oder zu wollen: Wir können, wenn wir wollen – und ob wir wollen, bestimmen ganz alleine wir.

- Auch wenn wir Erfolg haben, empfiehlt es sich im Übrigen, in ähnlicher Weise innezuhalten und darüber nachzudenken, ob nicht dennoch einzelne Aspekte des eigenen Verhaltens optimiert werden können. Gerade im Erfolg ist die subjektive Bereitschaft und Motivation größer als im Falle eines Misserfolgs, und es fällt uns leichter, uns auch mit unseren einzelnen Schwachpunkten auseinanderzusetzen und den Blick nach vorne im Sinne einer kontinuierlichen Optimierung des Positiven zu richten.

Fragen zur weiteren Auseinandersetzung

- Wie gehe ich mit erlebten Niederlagen um? Welche Gedanken, welche Gefühle verbinde ich damit?
- Haben Misserfolge für mich etwas Bedrohliches, will ich sie möglichst schnell vergessen? Oder nehme ich sie als Herausforderung im Sinne eines stetigen Lernprozesses an?
- Versuche ich auch im Falle positiver Leistungsergebnisse Ansatzpunkte für potenzielle Verbesserungen zu finden? Gehe ich dabei ggf. zu selbstkritisch mit mir um?

Arbeiten Sie langfristig und überprüfen Sie sich kontinuierlich!

- Welche Erfolge haben die von mir vorgenommenen Veränderungen bislang bewirkt?
- Welche weiteren Maßnahmen sind erforderlich?

Lektion 12: Konzentrieren Sie sich auf das Wesentliche!

Ein Denkanstoß

Besides the noble art of getting things done, there is the noble art of leaving things undone. The wisdom of life consists in the elimination of non-essentials. (Neben der edlen Kunst, Dinge zu verrichten, gibt es die edle Kunst, Dinge unverrichtet zu lassen. Die Weisheit des Lebens besteht im Ausschalten des Unwesentlichen.)

(Lin Yutang, 1895–1976, chinesischer Schriftsteller)

Kurze Selbstreflexion

- Wie schätze ich mich und mein bisheriges Handeln hinsichtlich des Themas dieser Lektion ein?
- Wie fällt hierzu meine persönliche Stärken-Schwächen-Analyse aus?

Was Sie wissen sollten

- Unser soziales Miteinander ist mittlerweile geprägt durch eine Vielzahl neuer (insbesondere technischer) Möglichkeiten, die gleichermaßen in vielerlei Hinsicht Lust und Last bedeuten. Ob im Berufs- oder im Privatleben, dieser Komplexitätsanstieg bringt erhebliche – und in dieser Form sicherlich lange Zeit nicht gekannte – Anforderungen mit sich.
- Bereits bei Kindern ist von daher ein zunehmendes Stresspotenzial auszumachen, und das Phänomen des Burnouts als psycho-soziales Belastungssyndrom ist nicht zufällig in der Arbeitswelt mittlerweile weit verbreitet. Sicherlich gab es ähnliche Erscheinungen bereits in der Vergangenheit, sie sind keineswegs eine „Erfindung" der letzten Jahre; allerdings ist das Ausmaß von Burnout-Erkrankungen sicherlich insgesamt deutlich angestiegen.

- Mit Blick auf die mentale Fitness haben diese Rahmenbedingungen zur Folge, dass wir dafür Sorge tragen müssen, nicht selbst in die Falle der permanenten Überforderung zu geraten. Wie ja schon angedeutet, stellt Überforderung stets ein subjektives Empfinden dar, das von Person zu Person ganz unterschiedlich erlebt werden kann.
- Um einer individuellen Überforderung entgegen wirken zu können, sollten wir daher unsere persönlichen Belastungsgrenzen für die verschiedenen Anforderungen kennen, die an uns tagtäglich gestellt werden – je nachdem, wie leicht uns einzelne Aufgaben fallen, wieviel Spaß wir in der Auseinandersetzung damit erleben und wieviel Unterstützung wir ggf. erfahren, können diese Belastungsgrenzen ganz unterschiedlich verlaufen. Auch können sich die Belastungsgrenzen selbstverständlich über die Zeit verändern. Zudem kennen wir neben den bereits beschriebenen negativen Auswirkungen von Stress auch eine durchaus positiv erlebte Form. Dieser leistungsmotivierend wirkende Stress stellt sich eben dann ein, wenn wir Aufgaben als Herausforderungen betrachten.
- Allerdings kommt es nicht selten vor, dass wir unsere persönlichen Belastungsgrenzen gänzlich falsch einschätzen; wir merken dann im Zuge der Auseinandersetzung mit einer (oder mehreren) Aufgabe(n) oder auch erst im Nachhinein, dass wir uns überfordert fühlen.
- Entscheidend ist stets, dass wir unsere subjektiv erlebten Belastungsgrenzen keinesfalls ignorieren dürfen. Im Gegenteil: Wir müssen sie sehr ernst nehmen und darauf reagieren.
- Diese Reaktion muss konsequent sein und darf keine Ausrede dulden. „Nur noch dieses eine Mal" oder „Das ist leichter gesagt als getan, im Moment kann ich nicht zurückfahren" sind solche typischen Ausreden der Ignoranz oder eines falsch verstandenen Verantwortungs- oder Pflichtgefühls. Sicherlich bedarf es hierbei (gerade auch im beruflichen Kontext) ggf. eines Gesprächs der offenen und klaren Worte, wenn Aufgaben nicht selbst-, sondern vielmehr fremdbestimmt an uns herangetragen werden. Vielfach scheuen wir eine solche Auseinandersetzung angesichts möglicher negativer Konsequenzen (wir

wollen nicht in den Ruf geraten, nur unzureichend belastbar zu sein, oder wir fürchten sogar im Extremfall um unseren Arbeitsplatz), wir müssen uns aber darüber im Klaren sein, dass wir auf diese Weise keineswegs ein Problem beseitigen. Das Problem wird verschoben, in der Regel dann auf lange Sicht mit erheblich gravierenderen Konsequenzen für alle Beteiligten.

- Sich auf das Wesentliche zu konzentrieren, stellt eine sinnvolle Strategie dar, die uns langfristig vor Überforderung und Krankheiten wie Burnout schützen kann, unsere mentale Fitness fördert und dabei gleichzeitig eine hohe Leistungsfähigkeit erhält – und eben nicht das Gegenteil bewirkt.
- Wir müssen dabei erkennen, dass es eben nicht nur und andauernd höchstprioritäre Dinge gibt, die unser Leben diktieren – wir müssen vielmehr Prioritäten setzen und dieser Setzung konsequent folgen. Das Modewort des „Multitaskings" ist in diesem Zusammenhang ein falscher Denkansatz, vielmehr sollte gelten: „Schritt für Schritt" und „eines nach dem anderen". Dies hört sich vielleicht banal an, die Kunst liegt aber in der konsequenten Umsetzung ebendieser Marschroute.
- Die Prioritäten sollten dabei so gewählt sein, dass ein angemessenes Verhältnis von beruflicher und privater Zeit, von erforderlichen Aufgaben einerseits und Aktivitäten zum eigenen Wohlergehen andererseits sichergestellt ist.

Fragen zur weiteren Auseinandersetzung

- Habe ich häufiger das Gefühl, überfordert zu sein? In welchen Situationen tritt dieses Gefühl auf?
- Wie gehe ich bislang mit dem Gefühl der Überforderung um? Versuche ich aktiv, deutliche Veränderungen zu initiieren?
- Welche Gründe sprechen für mich dagegen, Veränderungen einzuleiten? Habe ich diese Gründe einmal sehr kritisch hinterfragt? Welche Alternativen sehe ich?

Arbeiten Sie langfristig und überprüfen Sie sich kontinuierlich!

- Welche Erfolge haben die von mir vorgenommenen Veränderungen bislang bewirkt?
- Welche weiteren Maßnahmen sind erforderlich?

Lektion 13: So meistern Sie erfolgreich schwierige Situationen!

Ein Denkanstoß

Angst zu haben bedeutet nicht, daß ich dem nicht zu trotzen wage, was mich erschreckt.

(Henning Mankell, *1948, schwedischer Theaterregisseur und Schriftsteller)

Kurze Selbstreflexion

- Wie schätze ich mich und mein bisheriges Handeln hinsichtlich des Themas dieser Lektion ein?
- Wie fällt hierzu meine persönliche Stärken-Schwächen-Analyse aus?

Was Sie wissen sollten

- Im beruflichen wie auch im privaten Bereich werden wir gleichermaßen immer wieder mit Situationen konfrontiert, die uns vor besondere Anforderungen stellen. Schwierige Situationen sind insofern nichts Außergewöhnliches, sie gehören zu unserem Alltag durchaus dazu.
- Was macht eine Situation zu einer schwierigen Situation? Die Gründe hierfür können vielfältig sein – man ist davon überzeugt, einer Anforderung inhaltlich nicht gewachsen zu sein, man fürchtet die Rahmenbedingungen einer Aufgabe (bspw. eine Reise mit langer Abwesenheit vom Wohnort), man fürchtet Probleme im sozialen Miteinander (etwa dann, wenn man mit einem Mitarbeiter ein unangenehmes Gespräch führen muss) oder man fühlt sich vom Konkurrenz- bzw. Erwartungsdruck überfordert (so etwa im Falle eines Wettkampfes).
- Oftmals ist es „nur" ein diffuses Gefühl, das uns vor einer Aufgabe zurückschrecken lässt. Von daher gilt es zunächst einmal für sich zu klä-

ren, was denn eigentlich genau in dem konkreten Fall das Schwierige an der Situation ausmacht.

- Bei genauerer Analyse werden wir feststellen, dass trotz der Vielfältigkeit möglicher Ursachen alles auf einen Kern hinausläuft: Wir erleben eine Situation dann als schwierig, wenn sie für uns mit einem Hindernis verbunden ist.
- Nehmen wir den Begriff des Hindernisses durchaus wörtlich und führen uns das Bild vom Hürdenlauf oder vom Parcours im Reitsport vor Augen, bei denen es jeweils zur erfolgreichen Bewältigung diverse Hindernisse zu überwinden gilt.
- Es gibt für den Umgang mit solchen Situationen im Grundsatz zwei potenzielle Strategien: Entweder machen wir vor dem Hindernis halt und vermeiden so die Auseinandersetzung mit diesem. Oder aber wir versuchen zielstrebig, dieses Hindernis erfolgreich aus der Welt zu schaffen.
- Insofern kann ein Hindernis zwei ganz unterschiedliche Formen der Emotion und Motivation auslösen, die in der Folge ihren Niederschlag in unserem Verhalten finden werden: Angst verbunden mit Flucht oder aber Ansporn verbunden mit Aktivität.
- Sich der Angst hinzugeben, ist meistens ein schlechter Ratgeber. Dies bedeutet nicht, dass es sinnvoll ist, potenzielle Schwierigkeiten einfach zu ignorieren. Im Gegensatz zur Angst ist hingegen Respekt vor anstehenden Anforderungen ein guter Ratgeber – Respekt lässt uns besonnen handeln und fördert die Konzentration auf die kritischen Komponenten der Anforderung.
- Die erfolgreiche Bewältigung einer schwierigen Situation setzt dementsprechend voraus, dass wir nicht der zunächst psychologisch leichteren Variante nachgeben, nämlich dem Hindernis einfach aus dem Weg zu gehen. Auf der Basis hoher Motivation und hohen Engagements, die Situation tatsächlich meistern zu wollen, lassen sich im Vorhinein die möglichen Problemfelder identifizieren, die im Zuge der Auseinandersetzung mit dieser Situation auftreten können – und

es lassen sich eben auch die entsprechenden Reaktionsmöglichkeiten auf diese Problemfelder durchspielen.
- Selbstverständlich können wir auf diese Weise nicht alle denkbaren Unwägbarkeiten aus dem Weg räumen, ggf. werden wir trotzdem durch das eine oder andere Unerwartete überrascht und herausgefordert werden. Allerdings stärkt ein solches Vorgehen ganz entscheidend die subjektive Sicherheit, mit der wir eine als schwierig betrachtete Situation angehen werden. Genau diese Sicherheit ist es, die uns den entscheidenden Vorteil bringt, solchen Anforderungen positiv gegenüber zu treten.

Fragen zur weiteren Auseinandersetzung

- Wie oft sehe ich mich in den verschiedenen Lebensbereichen mit schwierigen Situationen konfrontiert? Was macht für mich daran das Schwierige aus?
- Wie reagiere ich typischerweise auf solche Situationen? Kann ich hierfür ein typisches Handlungsmuster identifizieren?
- Wie erfolgreich erlebe ich mich im Umgang mit schwierigen Situationen?

Arbeiten Sie langfristig und überprüfen Sie sich kontinuierlich!

- Welche Erfolge haben die von mir vorgenommenen Veränderungen bislang bewirkt?
- Welche weiteren Maßnahmen sind erforderlich?

Lektion 14: Denken Sie positiv!

Ein Denkanstoß

Wo immer wir können, müssen wir den Dingen eine Gestalt geben, denn Gestalt bedeutet Sinn.

(Yann Martel, *1963, kanadischer Schriftsteller)

Kurze Selbstreflexion

- Wie schätze ich mich und mein bisheriges Handeln hinsichtlich des Themas dieser Lektion ein?
- Wie fällt hierzu meine persönliche Stärken-Schwächen-Analyse aus?

Was Sie wissen sollten

- Wir alle kennen den Spruch: „Für den einen ist das Glas halb voll, für den anderen hingegen ist es halb leer." Die Botschaft ist gleichermaßen klar und einfach; wie bereits erwähnt spricht sie ein psychologisches Grundprinzip an: Es kommt stets auf unsere ganz individuelle Perspektive an, wie wir die Welt sehen.
- Gemeinhin unterscheiden wir von daher gerne optimistische von pessimistischen Menschen, manche sprechen zudem noch von dem realistischen Typ. Gemeint sind dabei grundlegende Haltungen, mit denen wir den diversen Anforderungen des Lebens gegenübertreten.
- Diese Haltungen sind weniger das Ergebnis von angeborenen Charaktereigenschaften des Menschen, vielmehr bilden sie sich ganz erheblich aufgrund von Lernerfahrungen in unserer Vergangenheit heraus. Diese Erfahrungen können wir selbst gemacht haben, sie können uns vorgelebt werden (bspw. innerhalb der Familie), sie können aber auch auf die Einflüsse anderer zurückgehen („Das schaffst Du sowieso nicht") oder von den Medien mitgesteuert werden (etwa angesichts

andauernder Nachrichten über die schlechte wirtschaftliche Lage im Land).

- Eine eher positive oder aber negative Haltung kann zudem hinsichtlich verschiedener Lebensbereiche und Situationstypen unterschiedlich gefärbt sein; so kann eine Person der Überzeugung sein, beruflichen Anforderungen sehr wohl gewachsen zu sein, mit Blick auf den von ihr ausgeübten Wettkampfsport prägen sie aber in erster Linie negative Gedanken.
- Es ist dementsprechend sehr hilfreich, sich einmal zu überlegen, welchem Typ wir uns – bei aller Pauschalität dieser Kategorien – selbst zuordnen würden: Bin ich eher ein Optimist oder ein Pessimist? Handelt es sich hierbei um eine grundlegende Haltung? Warum denke ich so und nicht anders? War das schon immer so oder hat sich diese Haltung im Laufe meiner Entwicklung verändert?
- Die Forderung, positiv zu denken, ist mittlerweile sicherlich manches Mal zu einer Plattitüde geworden. Im Kern beinhaltet sie aber etwas ganz Wesentliches: Je nachdem, wie wir an eine Anforderung herangehen, geben wir bereits in ganz erheblicher Weise die Richtung vor, in die sich die Dinge entwickeln werden.
- Sicherlich reicht eine positive Haltung alleine nicht aus, um gerade auch schwierige Situationen meistern zu können. Sie ist aber eine wichtige Grundvoraussetzung dafür, sich engagiert, aktiv und zielstrebig mit solchen Situationen auseinanderzusetzen und ihnen nicht defensiv zu begegnen.
- In der Auseinandersetzung mit konkreten Anforderungen wirkt positives Denken dann in zweifacher Hinsicht: Zum einen nehmen wir verstärkt solche Komponenten wahr, die uns den Umgang mit einer Anforderung erleichtern. Zum anderen zeigen wir ein Verhalten, das mit höherer Wahrscheinlichkeit dann auch zu einem befriedigenden Ausgang führen wird. Positives Denken ruft also bei uns Einstellungs-, Erlebens-, Bewertungs- und Handlungsmuster hervor, die darauf ausgerichtet sind, zufriedenstellende Ergebnisse zu erzielen.

- Eine positive oder aber negative Grundhaltung wirkt also wie ein Film im Hintergrund, vor dem sich dann eine konkrete, aktuelle Szene abspielt.
- Im Sinne der mentalen Fitness ist die Erkenntnis entscheidend, dass wir es selbst in der Hand haben, eher positiv oder eben eher negativ auf die Anforderungen des Lebens zuzugehen. Wir sind also keineswegs einem bestimmten Zugang hilflos ausgeliefert, wir bestimmen im Gegenteil ganz alleine, für welchen Film wir uns entscheiden.

Fragen zur weiteren Auseinandersetzung

- Wenn ich mich selbst einschätzen müsste, bezeichne ich mich eher als einen Optimisten oder eher als einen Pessimisten? Wie werde ich von anderen Personen gesehen?
- Womit begründe ich meine Einschätzung? Ergeben sich bedeutsame Unterschiede zwischen verschiedenen Situationen bzw. Lebensbereichen?
- Welche Folgen hat diese grundlegende Haltung für mein eigenes Verhalten?

Arbeiten Sie langfristig und überprüfen Sie sich kontinuierlich!

- Welche Erfolge haben die von mir vorgenommenen Veränderungen bislang bewirkt?
- Welche weiteren Maßnahmen sind erforderlich?

Lektion 15: Handeln Sie nach dem Prinzip „Gemeinsam statt einsam"!

Ein Denkanstoß

Der Mensch für sich allein vermag gar wenig und ist ein verlassener Robinson; nur in der Gemeinschaft mit den andern ist und vermag er viel.

(Arthur Schopenhauer, 1788–1860, deutscher Philosoph)

Kurze Selbstreflexion

- Wie schätze ich mich und mein bisheriges Handeln hinsichtlich des Themas dieser Lektion ein?
- Wie fällt hierzu meine persönliche Stärken-Schwächen-Analyse aus?

Was Sie wissen sollten

- Zu den elementarsten Ergebnissen der psychologischen Forschung gehört die Erkenntnis, dass der Mensch ein soziales Wesen ist und ohne den Kontakt zu anderen Menschen nicht überlebensfähig wäre.
- Versetzen wir uns in die Lage eines kleinen Kindes, so wird uns die Bedeutung der Gemeinschaft unmittelbar ersichtlich: Das kleine Kind ist auf die Unterstützung der Erwachsenenwelt angewiesen, es wird durch sie versorgt, es lernt durch sie die Sprache, es erfährt Bildung und nimmt die Regeln der Gesellschaft an. Oftmals tritt dann bei Älteren erneut die Notwendigkeit eines solchen Schutzes ein, wenn diese nicht mehr hinreichend in der Lage sind, für sich und ihre Bedürfnisse aus eigener Kraft zu sorgen.
- Aber auch in den Fällen, in denen erwachsene Menschen autonom und selbständig sind, wenden sie sich sozialen Gruppen zu, sie suchen Unterstützung und Geselligkeit. Insofern lebt und agiert niemand völlig unabhängig von anderen, allerdings kann die Bandbreite des sozialen Miteinanders im Einzelfall erheblich variieren (wir kennen die

Unterscheidung vom intro- und extrovertierten Menschen, vom Einzelgänger und dem Herdentier).

- Die plakative Aufforderung „Gemeinsam statt einsam!" negiert nun keineswegs den Einzelnen mit seinen ganz persönlichen Stärken und Bedürfnissen, sie ist auch kein Plädoyer dafür, immer und überall den Kontakt zu sozialen Gruppen zu suchen. Hierfür sind die jeweiligen Charaktere in der Tat viel zu unterschiedlich, und jeder muss für sich selbst sein richtiges Maß zwischen Individualität und Kollektivität finden.
- Gemeint ist vielmehr eine Sensibilisierung für den Umstand, dass die Suche nach Gemeinschaft für den Einzelnen in hohem Masse bereichernd sein kann, sei es im Sinne der Unterstützung, sei es im Sinne der Geselligkeit.
- Oftmals sind wir noch zu sehr von der Vorstellung geprägt, alles alleine machen zu müssen, nach dem Motto: „Verlassen kann man sich letztendlich nur auf sich selbst." Eine solche Haltung kann dann schnell zu einer unnötigen Überforderung der eigenen Person führen.
- Hinzu kommt die Überzeugung, dass die Hinwendung zu anderen als persönliche Schwäche ausgelegt werden kann, vor allem dann, wenn man sich um deren Unterstützung bemüht. Dies ist ein typisches Problem im Umgang mancher Führungskräfte mit ihren Mitarbeitern.
- Das Gegenteil ist aber der Fall: Ob wir nun deutlich machen, dass wir anderen etwas zutrauen, oder aber, dass wir selbst nicht alles alleine bewältigen können, oder auch, dass wir uns einfach nur in der Gemeinschaft mit anderen Menschen wohlfühlen – all diese Signale sind Zeichen der persönlichen Stärke und keinesfalls der persönlichen Schwäche.
- Es wäre im Übrigen ausgesprochen kurzsichtig, nicht auch die vielfältigen Ressourcen anderer dafür nutzen zu wollen, um den Anforderungen des Lebens besser begegnen zu können.
- Ganz wichtig ist dabei, sich als Teil des Ganzen zu begreifen und diese Haltung auch entsprechend zu kommunizieren. Mentale Fitness und persönliche Stärke zeigen sich eben auch darin, sich nicht egozent-

risch als Mittelpunkt des Universums zu betrachten, sondern als einen wichtigen Teil, aber doch stets als Teil eines Ganzen.

Fragen zur weiteren Auseinandersetzung

- Wie bewerte ich meine eigene Kontaktfreudigkeit und Kontaktfähigkeit?
- Was treibt mich an, Kontakte zu suchen und zu pflegen oder diese zu vermeiden? Welche Erfahrungen habe ich bislang in dieser Hinsicht gemacht?
- Welchen Stellenwert räume ich grundsätzlich anderen Menschen in meinem Leben ein?

Arbeiten Sie langfristig und überprüfen Sie sich kontinuierlich!

- Welche Erfolge haben die von mir vorgenommenen Veränderungen bislang bewirkt?
- Welche weiteren Maßnahmen sind erforderlich?

Lektion 16: Seien Sie stets gut vorbereitet!

Ein Denkanstoß

Auf alles, was der Mensch sich vornimmt, muß er seine ungeteilte Aufmerksamkeit oder sein Ich richten.

(Novalis, eigentlich Georg Philipp Friedrich Leopold Freiherr von Hardenberg, 1772–1801, deutscher Schriftsteller)

Kurze Selbstreflexion

- Wie schätze ich mich und mein bisheriges Handeln hinsichtlich des Themas dieser Lektion ein?
- Wie fällt hierzu meine persönliche Stärken-Schwächen-Analyse aus?

Was Sie wissen sollten

- Entscheidend für einen positiven Umgang mit Leistungssituationen ist das Wissen, alles im Rahmen seiner Möglichkeiten für einen potenziellen Erfolg zu tun bzw. (in der abschließenden Bewertung) getan zu haben.
- Eine gute Vorbereitung bringt uns also den entscheidenden Vorteil, und dies in zweierlei Hinsicht: Wir gehen sicherer mit den an uns gestellten Anforderung um, darüber hinaus müssen wir uns im Nachhinein nicht vorwerfen (lassen), uns nicht ausreichend bemüht zu haben, diese Anforderung zu bewältigen.
- Was aber unterscheidet nun eine gute von einer schlechten Vorbereitung? Wir müssen uns zunächst fragen, was wir von uns genau in einer konkreten Situation erwarten bzw. was von uns in dieser Situation erwartet wird. Auf dieser Grundlage lassen sich dann die erforderlichen Maßnahmen im Vorfeld treffen, um diesen Erwartungen entsprechen zu können – oder auch, um diese Erwartungen zu korrigieren, falls wir nicht gewillt sind oder uns nicht in der Lage se-

hen, diesen zu entsprechen. Dieser vorausschauenden Planung sollten wir ausreichend Raum geben, stellt sie doch die zwingende Voraussetzung dafür dar, überhaupt erfolgreich sein zu können.

- Je nach konkreter Herausforderung kann ein solcher Maßnahmenkatalog selbstverständlich sehr unterschiedlich und vielschichtig ausfallen. Einige Beispiele mögen dies veranschaulichen: das Einholen von Hintergrundinformationen zu den beteiligten Gesprächspartnern einer Konferenz; das frühzeitige Zubettgehen, um vor einem wichtigen Termin entsprechend ausgeschlafen und fit zu sein; sich vor einem sportlichen Wettkampf ausreichend aufzuwärmen; eine aussagekräftige Präsentation zur Visualisierung der eigenen Argumentationsstrategie erstellen.
- Als Zielvorgabe kann gelten, dass die Vorbereitung am Ende so ausgefallen ist, dass wir uns mit einem guten und sicheren Gefühl der anstehenden Aufgabe stellen können. Dabei werden wir oftmals dennoch nicht alle wichtigen Faktoren bedacht haben, manches Mal ist dies schon alleine aufgrund zeitlicher Vorgaben oder fehlender Detailkenntnisse gar nicht möglich. Entscheidend ist jedoch, dass wir zu der Überzeugung gelangen, das für uns Mögliche in der gegebenen Zeit möglich gemacht zu haben.
- Selbstverständlich spielen hierbei auch die eigenen Lernerfahrungen eine wichtige Rolle, die wir im Laufe unseres Umgangs mit vielen Leistungssituationen ja bereits gemacht haben. Diese Erfahrungen können uns eine wertvolle Hilfe bei der Beantwortung der Frage sein, auf welche Faktoren wir besonders achten sollten und welche wir manches Mal durchaus vernachlässigen können.
- Ungeachtet dessen sollten wir uns bemühen, uns immer wieder aufs Neue ganz gezielt der spezifischen Herausforderung zu stellen und uns im Sinne einer guten Vorbereitung neu darauf einzustellen. Sich hierbei zu sehr auf seine Routinen zu verlassen, kann nämlich leicht zu unnötigen Fehlern aufgrund von Unaufmerksamkeit, Leichtsinn, unzureichender Disziplin usw. führen.

- Wie bereits ausgeführt, spielt eine gute Vorbereitung im Vorfeld gerade auch bei der abschließenden Bewertung einer Leistungssituation und deren Konsequenzen für nachfolgende Situationen eine wichtige Rolle: Denn ganz gleich, wie der Ausgang der Situation im Einzelnen zu bewerten ist, es ist zur Stärkung der eigenen mentalen Fitness ausgesprochen förderlich, zu wissen, dass wir alles uns Mögliche tatsächlich auch unternommen haben.
- Zudem können wir im Zuge der abschließenden Bewertung kritisch hinterfragen, welche Anteile der Vorbereitung sich als besonders zielführend erwiesen haben, welche eher weniger nützlich gewesen sind und welche Faktoren möglicherweise ganz vergessen wurden. Gerade dieser abschließenden Bewertung wird nicht selten zu wenig Zeit eingeräumt (oftmals werden Ergebnisse relativ schnell als gut oder schlecht abgehakt), wir ziehen dann hieraus zu wenig Profit für unser zukünftiges Handeln in vergleichbaren Situationen.
- Machen wir uns also immer wieder klar: Ohne eine stetige und gute Vorbereitung ist langfristiger Erfolg nicht denkbar – dieses Motto zu beherzigen, stellt eine fundamentale Basis mentaler Fitness dar.

Fragen zur weiteren Auseinandersetzung

- Welchen Stellenwert messe ich einer guten Vorbereitung auf anstehende Leistungssituationen bei?
- Welche Elemente beinhaltet eine solche Vorbereitung? Nutze ich in diesem Zusammenhang bestimmte, stets wiederkehrende Rituale?
- Nehme ich mir hinreichend Zeit für eine Nachbetrachtung meines Handelns im Umgang mit Leistungssituationen? Wie sehr berücksichtige ich hierbei die Komponente der Vorbereitung?

Arbeiten Sie langfristig und überprüfen Sie sich kontinuierlich!

- Welche Erfolge haben die von mir vorgenommenen Veränderungen bislang bewirkt?
- Welche weiteren Maßnahmen sind erforderlich?

Lektion 17: Motivieren Sie sich richtig!

Ein Denkanstoß

Wir verlangen, das Leben müsse einen Sinn haben – aber es hat nur ganz genau so viel Sinn, als wir selber ihm zu geben imstande sind.

(Hermann Hesse, 1877–1962 deutscher Schriftsteller, Dichter und Maler)

Kurze Selbstreflexion

- Wie schätze ich mich und mein bisheriges Handeln hinsichtlich des Themas dieser Lektion ein?
- Wie fällt hierzu meine persönliche Stärken-Schwächen-Analyse aus?

Was Sie wissen sollten

- Mit dem Wirtschaftswissenschaftler Kirchgeorg* lässt sich der Begriff der Motivation wie folgt definieren: „[Der] Zustand einer Person, der sie dazu veranlasst, eine bestimmte Handlungsalternative auszuwählen, um ein bestimmtes Ergebnis zu erreichen und der dafür sorgt, dass diese Person ihr Verhalten hinsichtlich Richtung und Intensität beibehält."
- Die Motivation stellt somit die entscheidende Triebfeder dafür dar, wie wir mit den verschiedenen Anforderungen umgehen, die tagtäglich an uns gestellt werden. Das letztendlich realisierte Verhalten einer Person entspringt folglich ihrer jeweiligen motivationalen Lage.
- Die motivationale Lage nimmt dabei in zweierlei Hinsicht Einfluss auf das gezeigte Verhalten: Zum einen beeinflusst die Richtung der Motivation, welche Ziele wir mit unserem Handeln konkret verfolgen. Zum

---

* zitiert nach: De Micheli, M. (2006). Nachhaltige und wirksame Mitarbeitermotivation. Zürich: Praxium, S. 18.

anderen führt die Stärke der Motivation dazu, wie engagiert und intensiv wir ebendiesen Zielen nachgehen.

- Sich richtig zu motivieren bedeutet demnach, dass wir uns solche Ziele auswählen, die für unsere Persönlichkeits- und Leistungsentwicklung tatsächlich auch förderlich sind. Darüber hinaus bedeutet es, diese förderlichen Ziele mit einer entsprechend hohen Einsatzbereitschaft erreichen und auch trotz vorhandener Hindernisse an diesen festzuhalten zu wollen.
- Welches sind aber nun die für unsere Persönlichkeits- und Leistungsentwicklung förderlichen Ziele? Als förderlich lassen sich zuallererst Ziele benennen, die unsere psychische und physische Gesundheit stabilisieren und ihr nicht schaden. Im Gegenzug bedeutet dies: Alles, was unserer psychischen und physischen Gesundheit langfristig nicht gut tut, kann kein erstrebenswertes Ziel sein. Gravierende Beispiele für nicht erstrebenswerte Ziele sind etwa eine berufliche Karriereentwicklung, die aufgrund eines Burnout-Syndroms drastisch abbricht, eine sportliche „Erfolgsgeschichte“, die massive Schädigungen an Körper und Seele hinterlässt, ein Streben nach sozialer Anerkennung, das in einer völligen Aufgabe eigener Bedürfnisse und Interessen mündet.
- Derartige Formen der Fehlentwicklung sind in ihren Grundzügen keineswegs Ausnahmen, sie finden sich durchaus häufig. Besonders gefährlich daran ist, dass der schädigende Prozess sich meist schleichend vollzieht, er wird von daher in seinem ganzen Ausmaß gar nicht oder viel zu spät bemerkt. Hinzu kommt, dass wir Menschen uns bewusst oder unbewusst zahlreicher Verschleierungstaktiken bedienen, um derartige Gefahren nicht sehen zu „müssen“ – wie schon mehrfach geschildert, ist Wirklichkeit eben das, was wir als wirklich betrachten (wollen).
- Insofern ignorieren wir oftmals Warnsignale, die uns darauf hinweisen wollen, dass wir in unserem Entwicklungsprozess auf dem falschen Weg sind. Dies gilt auch für etwaige Hinweise von außen, die wir gerne leichtfertig abtun (manches Mal mit dem Verweis auf die

Unkenntnis oder sogar die Missgunst derjenigen Personen, die es eigentlich nur gut mit uns meinen).

- Sich richtig zu motivieren impliziert von daher, immer wieder inne zu halten und den Automatismus des gewohnten Handelns zu unterbrechen: Wofür tun wir das eigentlich? Sind die Ziele wirklich die Opfer wert, die wir dafür erbringen müssen? Und ganz entscheidend: Tut uns das gut, sind wir tatsächlich zufrieden mit dem, was wir machen?
- Eine solche Bilanzierung sollte regelmäßig und kontinuierlich durchgeführt werden. Gelangen wir hierbei zu einem negativen Ergebnis, ist es Zeit, Veränderungen einzuleiten. Dies kann selbstverständlich schwierig werden, da nicht nur wir selbst, sondern (mittlerweile) auch die Personen in unserem Umfeld quasi ganz selbstverständlich das gewohnte Funktionieren unsererseits erwarten.
- Allerdings sollten wir nicht den typischen Fehler begehen, so lange zu warten, bis wir gewissermaßen zwangsweise zum Stoppen gebracht werden – weil unser Körper und/oder unsere Psyche nicht mehr so wollen (oder eben können), wie wir uns das wünschen und (oftmals gedankenlos) voraussetzen. Die dann eintretenden Folgekosten sind nämlich immens. Vielmehr sollten wir kontinuierlich korrigierend eingreifen, wenn wir bemerken, dass wir langsam anfangen, uns vom wirklich zielführenden Weg zu entfernen.

Fragen zur weiteren Auseinandersetzung

- Was sind die entscheidenden Motive, die mein Handeln in den verschiedenen Lebensbereichen leiten?
- Wie gehe ich mit der Selbsterkenntnis um, dass mir manche Motive ggf. langfristig gar nicht gut tun?
- Welche Rolle spielt bei diesen Prozessen mein soziales Umfeld?

Arbeiten Sie langfristig und überprüfen Sie sich kontinuierlich!

- Welche Erfolge haben die von mir vorgenommenen Veränderungen bislang bewirkt?
- Welche weiteren Maßnahmen sind erforderlich?

Lektion 18: Seien Sie stets bereit zur Veränderung!

Ein Denkanstoß

Das Wiedersehen
Ein Mann, der Herrn K. lange nicht gesehen hatte, begrüßte ihn mit den Worten: „Sie haben sich gar nicht verändert." „Oh!" sagte Herr K. und erbleichte.

(Bertolt Brecht, 1889–1956, deutscher Dramatiker und Lyriker)

Kurze Selbstreflexion

- Wie schätze ich mich und mein bisheriges Handeln hinsichtlich des Themas dieser Lektion ein?
- Wie fällt hierzu meine persönliche Stärken-Schwächen-Analyse aus?

Was Sie wissen sollten

- Wie bereits angemerkt, ist unser psychologischer Apparat darauf ausgerichtet, uns und unsere Umwelt unter Kontrolle zu haben. Wir wollen wissen, was geschieht und wie wir in bestimmten Situationen agieren müssen.
- Von daher halten wir gerne an „guten Gewohnheiten" fest, wir haben unsere täglichen Rituale, wir ändern nur ungern unsere Meinungen und Überzeugungen. Auf diese Weise gewinnen wir Sicherheit und fördern unser persönliches Wohlbefinden.
- Veränderungen durchkreuzen logischerweise unsere Handlungsroutinen, sie führen zunächst einmal zum Erleben von Unsicherheit. Sicherlich werden wir in unserem Leben immer wieder mit Situationen konfrontiert, die Veränderungen erforderlich machen. Diese Situationen werden aber in der Regel nicht von uns explizit gesucht, vielmehr ergeben sie sich ohne eigenes Zutun. Typische Beispiele sind Umstrukturierungen am Arbeitsplatz, familiäre Umbruchsituationen

(etwa beim Auszug eines erwachsenen Kindes) oder technische Neuerungen, denen wir uns nicht entziehen können.

- Dass die grundsätzliche Bereitschaft, sich Veränderungen zu stellen, individuell sehr unterschiedlich ausgeprägt sein kann, lässt sich im Großen und im Kleinen an vielen Beispielen festmachen, bei denen wir durchaus über Handlungsspielräume verfügen – so etwa, wenn es um die Bereitschaft geht, für einen attraktiveren Arbeitsplatz den Wohnort und damit das gewohnte Lebensumfeld (zumindest zeitweise) zu verlassen, oder auch einfach nur, wenn uns der Trainer beim Sport dazu rät, das Gewohnte zugunsten einer gewinnbringenderen technischen Veränderung aufzugeben.
- Stets bereit zur Veränderung zu sein, geht nun aber über diese Situationen weit hinaus. Gemeint ist nämlich nicht in erster Linie der konkrete Fall, bei dem eine Veränderungsmöglichkeit oder auch -notwendigkeit auf uns zukommt. Gemeint ist vielmehr das grundlegende Bewusstsein, die Option der Veränderung im Sinne einer kontinuierlichen Verbesserung der eigenen Lebenssituation ständig aktiv im Auge zu behalten.
- Dies bedeutet nicht: Veränderung um jeden Preis und zu allen Zeiten. Es geht vielmehr um die Einsicht, dass die Entscheidung für Veränderung vielfach eine sinnvolle Maßnahme sein kann, um unsere individuelle Persönlichkeits- und Leistungsentwicklung voranzutreiben.
- Damit eine solche Haltung nun aber nicht mit permanenter Unsicherheit verbunden ist, setzt sie die Überzeugung voraus, über hinreichend wirksame Bewältigungsstrategien zu verfügen, um mit neuen, herausfordernden Situationen tatsächlich dann auch positiv umgehen zu können.
- Die Bereitschaft zur Veränderung ist dementsprechend als Teil der persönlichen mentalen Fitness eng verbunden mit den weiteren, in diesem Buch beschriebenen Einstellungen – etwa der Notwendigkeit, positiv zu denken, die Welt nicht als bedrohend, sondern als herausfordernd wahrzunehmen, sowie subjektiv zu wissen, welche Ziele man verfolgen möchte und wie man schwierige Situationen meistern

kann. Nur über die Arbeit an diesen verschiedenen Facetten der mentalen Fitness lässt sich ein signifikanter Einfluss auf die eigene Entwicklung und den persönlichen Fortschritt erzielen.

- Wir sollten von daher inne halten und unsere persönliche Bereitschaft zur Veränderung hinterfragen: Wie reagieren wir auf neue und ungewohnte Situationen? Geben wir Innovationen eine Chance? Suchen wir selbst aktiv nach Veränderungspotenzial in unserem eigenen Leben?
- Eine solche Analyse wird uns sensibilisieren für unsere eigene Veränderungsbereitschaft. Der Blick auf die Erfahrungen aus der eigenen Vergangenheit zeigt uns dann, wie ernsthaft wir es tatsächlich damit meinen: Handelte es sich bislang nur um schöne Vorsätze oder haben wir den Worten auch Taten folgen lassen? Wege in die richtige Richtung sind nur solche, die wir nicht wie die üblichen Neujahrsvorsätze bereits nach wenigen Tagen aus den Augen verlieren.

Fragen zur weiteren Auseinandersetzung

- Verbinde ich mit dem Begriff der Veränderung eher positive oder eher negative Assoziationen? Woher kommen diese Assoziationen?
- Wie gehe ich im beruflichen wie auch im privaten Umfeld bislang mit der Möglichkeit oder auch der Notwendigkeit einer Veränderung um?
- Wie bedeutsam schätze ich die Bereitschaft zur Veränderung für meine eigene Persönlichkeits- und Leistungsentwicklung ein?

Arbeiten Sie langfristig und überprüfen Sie sich kontinuierlich!

- Welche Erfolge haben die von mir vorgenommenen Veränderungen bislang bewirkt?
- Welche weiteren Maßnahmen sind erforderlich?

Lektion 19: Fordern Sie sich, aber überfordern Sie sich nicht!

Ein Denkanstoß

Man muß nicht leisten wollen, was über seine Kräfte geht. Einem bescheidenen Wollen, das mit dem Können gleichen Schritt hält, wird ein kleiner aber sicherer Erfolg nicht fehlen.

(Wilhelmine von Hillern, 1836–1916, deutsche Romanschriftstellerin und Schauspielerin)

Kurze Selbstreflexion

- Wie schätze ich mich und mein bisheriges Handeln hinsichtlich des Themas dieser Lektion ein?
- Wie fällt hierzu meine persönliche Stärken-Schwächen-Analyse aus?

Was Sie wissen sollten

- Das Spannungsfeld zwischen einem positiven Fordern und einem negativen Überfordern ist ein besonders sensibles Thema im Bereich der mentalen Fitness. Denn erfahrungsgemäß beschäftigen sich gerade diejenigen Personen besonders intensiv mit dem Phänomen der mentalen Fitness, die an sich selbst ausgesprochen hohe Ansprüche stellen – und dies gerade auch im und für den Umgang mit Leistungssituationen.
- Dass aus dem positiven Fordern oftmals (und nicht selten unbemerkt) ein negatives Überfordern wird, kann mehrere Gründe haben: Zum einen fehlt gelegentlich schlicht das Bewusstsein dafür, dass wir über unsere Kräfte hinausgehen. Ferner kann es sein, dass wir eine Überforderung zwar an uns erkennen, diese aber nicht wahr haben wollen und daher einfach ignorieren. Zudem können wir Überforderung und deren negative Auswirkungen durchaus feststellen, jedoch fatalerweise davon überzeugt sein, diese aufgrund externer Rahmen-

bedingungen nicht verändern zu können – zumindest momentan bzw. kurzfristig nicht.

- Wie bereits an mehreren Stellen in diesem Buch beschrieben, ist jedoch eine dauerhafte Überforderung ohne Wenn und Aber für die psychische Gesundheit höchst schädlich und muss deshalb unbedingt verändert werden, ganz unabhängig davon, welcher Grund hierfür im Einzelnen vorliegt.
- Dabei ist zu beachten, dass Überforderungszustände meist bereits seit längerer Zeit vorliegen. Eine Veränderung zieht insofern einen massiven Einschnitt in den Lebensrhythmus der betroffenen Person nach sich, oftmals verbunden mit der Notwendigkeit, seine eigenen Einstellungen und Überzeugungen eingehend kritisch zu überdenken.
- Gründe für die Überforderung gibt es vielfältige: Man mutet sich zu viel zu, glaubt, unentbehrlich zu sein, nimmt sich andere als Beispiel, die es doch auch so (oder noch massiver) machen, oder man ist der Überzeugung, keine andere Wahl zu haben, um seine Aufgaben bewältigen bzw. seine gesteckten Ziele realisieren zu können.
- Entscheidend ist die Erkenntnis, dass all diese Gründe keinerlei Rechtfertigung sind, im Gegenteil: Überforderung schadet und führt keineswegs dazu, seine Aufgaben effektiv bewältigen und seine gesteckten Ziele erreichen zu können – vielmehr ist das genaue Gegenteil der Fall.
- Es sind von daher zwei Alternativen denkbar: Entweder stimmt der Weg zum Ziel nicht, oder aber das Ziel muss korrigiert werden. Hierfür bedarf es einer sehr kritischen Auseinandersetzung mit der eigenen Situation: Ist diese Vielfalt an Aufgaben tatsächlich erforderlich? Sind wir ggf. nicht bereit, Aufgaben abzugeben? Ist unser Zeitmanagement effektiv? Sind die an uns gestellten Anforderungen zumutbar? Ist es überhaupt realistisch und sinnvoll, diese Ziele anzustreben oder sollten wir nicht besser unsere Zielsetzungen verändern? Was ist uns wirklich wichtig?
- Erkennen wir erst einmal die Notwendigkeit, sich ernsthaft und kritisch mit der eigenen Situation auseinander zu setzen, ist der wesent-

liche Schritt zur Veränderung getan. Wir müssen uns aber zwingen, an dieser Stelle nicht stehen zu bleiben, sondern Veränderungen tatsächlich auch einzuleiten.

- Oftmals findet nämlich eine solche „innere Zwiesprache" erst dann stand, wenn es uns wirklich schlecht geht und wir merken, dass unsere Kräfte zu erschöpfen drohen. Sobald es uns dann wieder einigermaßen gut geht, sind die gefassten Vorsätze leider schnell dahin. Diesen Mechanismus müssen wir erkennen und massiv dagegen halten.
- Eine wichtige Hilfe ist eine genaue Auflistung aller Anforderungen, denen wir tagtäglich ausgesetzt sind – im Kleinen wie im Großen. Auf diese Weise wird uns das Ausmaß der Belastung im wahrsten Sinne des Wortes vor Augen geführt, und wir haben direkt die Ansatzpunkte vor uns, an denen wir gezielt Veränderungen einleiten können.

Fragen zur weiteren Auseinandersetzung

- Habe ich bereits an mir Anzeichen der Überforderung festgestellt? Welche Konsequenzen habe ich hieraus gezogen?
- Welches sind für mich die entscheidenden Kriterien, an denen ich die Grenze zur Überforderung bei mir selbst festmache?
- Lege ich bei mir dieselben Maßstäbe an, die ich auch bei anderen Personen anlege? Wenn nicht, welche Gründe gibt es für diese Unterscheidung?

Arbeiten Sie langfristig und überprüfen Sie sich kontinuierlich!

- Welche Erfolge haben die von mir vorgenommenen Veränderungen bislang bewirkt?
- Welche weiteren Maßnahmen sind erforderlich?

Lektion 20: Wählen Sie für sich die richtigen Vergleichsmaßstäbe!

Ein Denkanstoß

Das wichtigste Wissen ist zu wissen, was wichtig ist.

(Andreas Tenzer; *1954; deutscher Philosoph und Pädagoge)

Kurze Selbstreflexion

- Wie schätze ich mich und mein bisheriges Handeln hinsichtlich des Themas dieser Lektion ein?
- Wie fällt hierzu meine persönliche Stärken-Schwächen-Analyse aus?

Was Sie wissen sollten

- Bei der Ausrichtung und Bewertung unseres eigenen Verhaltens sind wir stets auf Orientierungshilfen angewiesen: Welches Verhalten ist in einer bestimmten Situation das angemessene? War das gezeigte Verhalten zielführend, die erbrachte Leistung zufriedenstellend?
- Solche Orientierungshilfen können sich zum einen aus der Rückbesinnung auf die eigene Person ergeben: Was hat sich in der Vergangenheit bewährt, welche Strategien sind besonders erfolgreich gewesen? Zum anderen spielt aber auch der Blick nach außen eine ganz wesentliche Rolle: Wie handeln andere in vergleichbaren Situationen, welche Leistungen erreichen sie unter ähnlichen Bedingungen?
- Es liegt von daher auf der Hand, dass je nach Wahl des Vergleichsmaßstabes ganz unterschiedliche Handlungsmuster ausgewählt werden können bzw. ein und dasselbe Verhalten zu einer positiven oder aber negativen Beurteilung führen kann. Zwar ist dabei unser Anspruchsniveau gerade in Leistungssituationen selbstverständlich geprägt davon, wie wir uns bislang in ähnlichen Situationen verhalten und ob wir uns in diesen bewährt haben – allerdings spielt der soziale

Vergleich stets eine ganz besondere Rolle. Also: Bei der Wahl des Bewertungsmaßstabes orientieren wir uns vor allem an den Strategien und Möglichkeiten der anderen.

- Je weniger wir über eine Situation wissen, also darüber, was von uns erwartet wird, wie sich die anderen in dieser Situation verhalten werden usw., umso zielführender ist es, sich an denen zu orientieren, die bereits hinreichend Erfahrungen im Umgang mit einer solchen Situation gemacht haben. Wer sich bspw. zum ersten Mal in eine sportliche Wettkampfsituation begibt, sollte sich den Rat derjenigen zu Herzen nehmen, die diese spezielle Anforderung schon viele Male erlebt haben. Auch sollte man die Erfahrung anderer nutzen, wenn man sich etwa auf ein für die weitere Karriereentwicklung sehr wichtiges Gespräch vorbereitet oder aber im Zuge einer Bewerbung eine Präsentation vorstellen muss, in dieser Hinsicht jedoch wenig Übung hat.
- Fälschlicherweise wird das Hinzuziehen dritter Personen, die im Umgang mit diesen Situationen viel vertrauter sind, oftmals als persönliche Schwäche erlebt. Dieses Gefühl lässt uns dann davor zurückschrecken, solche Unterstützung aktiv zu suchen. Das Gegenteil ist allerdings der Fall – offen und ehrlich zu kommunizieren, dass wir in Bezug auf manche Herausforderung ungeübt und unsicher sind, wird in der Regel positiv aufgenommen, die Authentizität des eigenen Handelns von außen als Stärke erlebt.
- Weitaus komplexer ist der Fall, wenn es sich um Leistungssituationen handelt, in denen wir uns zwangsläufig in Konkurrenz mit anderen begeben. Dies ist oftmals im beruflichen Kontext oder auch im Bereich des Sports der Fall. In solchen Situationen ziehen wir als Vergleichsmaßstab besonders häufig die Leistungen der anderen heran.
- Aus dem gewählten Vergleichsmaßstab resultiert dann logischerweise das Anspruchsniveau für die Beurteilung des eigenen Leistungsergebnisses. Zufriedenheit ist folgerichtig vor allem dann gegeben, wenn unsere eigenen Ergebnisse besser sind als die Ergebnisse der anderen.

- Vielfach – und dies bemerken wir oftmals gar nicht – behindern wir allerdings mit der Wahl falscher Vergleichsmaßstäbe unsere persönliche Leistungsentwicklung. Wenn wir uns nämlich an einer (zu) leistungsschwachen Bezugsgruppe orientieren, führt das eigene, bessere Resultat zur Zufriedenheit und wird nicht das Bemühen fördern, uns verbessern zu wollen. Oftmals orientieren wir uns jedoch an Leistungsstärkeren, obwohl diese Orientierung aufgrund unseres derzeitigen Leistungsstandes (noch) nicht angemessen ist (bspw. dann, wenn diese Vergleichspersonen bereits viel mehr Erfahrungen haben oder uns in ihrer Leistungsentwicklung weit voraus sind). Die notwendigerweise eintretende Ernüchterung bei der Bewertung des eigenen Handlungsergebnisses kann in der Folge Gefühle der Frustration und sogar der Resignation auslösen; dies ist kontraproduktiv für die Motivation mit Blick auf künftige Leistungssituationen.
- Gewinnbringend sind Vergleichsmaßstäbe von daher unter der Prämisse, dass sie sich an den angemessenen Bezugsgruppen orientieren und hinsichtlich des leistungsbezogenen Anspruchsniveaus weder zu gering noch zu hoch angesetzt werden.
- Hinweise von außen zur Korrektur des eigenen (verzerrten) Anspruchsniveaus können manches Mal eine wertvolle Hilfe sein, in anderen Fällen sind sie allerdings ebenfalls verzerrt und von daher als Orientierungshilfen eher mit Nachteilen verbunden. Wir müssen insofern jegliche Rückmeldung ernst nehmen, kritisch hinterfragen und somit schrittweise zu einer fundierten Einschätzung unserer Vergleichsmaßstäbe gelangen – und bereit sein, diese immer wieder aufs Neue auf den Prüfstand zu stellen.

Fragen zur weiteren Auseinandersetzung

- In welchen Situationen orientiere ich mich an dem Verhalten anderer? Welche Bezugsgruppen suche ich mir aus?

- Erlebe ich die Orientierung an anderen für mich persönlich als sinnvolle Unterstützung oder aber als unangenehme Folge eigener Hilflosigkeit? Warum ist das so?
- Wie gehe ich mit den Rückmeldungen anderer in Bezug auf mein eigenes Verhalten um?

Arbeiten Sie langfristig und überprüfen Sie sich kontinuierlich!

- Welche Erfolge haben die von mir vorgenommenen Veränderungen bislang bewirkt?
- Welche weiteren Maßnahmen sind erforderlich?

Lektion 21: Selbstvertrauen statt Selbstzweifel!

Ein Denkanstoß

Wenn es einen Glauben gibt, der Berge versetzen kann, so ist es der Glaube an die eigene Kraft.

(Marie Freifrau von Ebner-Eschenbach, 1830–1916,
österreichische Schriftstellerin)

Kurze Selbstreflexion

- Wie schätze ich mich und mein bisheriges Handeln hinsichtlich des Themas dieser Lektion ein?
- Wie fällt hierzu meine persönliche Stärken-Schwächen-Analyse aus?

Was Sie wissen sollten

- Selbstvertrauen bedeutet im wörtlichen Sinne, sich selbst Vertrauen zu schenken, also auf die eigenen Fähigkeiten, Begabungen und Möglichkeiten zu bauen.
- Das Selbstvertrauen der Menschen ist, wie wir im Umgang mit anderen Personen zweifelsohne recht schnell feststellen können, sehr unterschiedlich ausgeprägt. Wie bei so vielen anderen Persönlichkeitsmerkmalen auch, ist es nicht in erster Linie das Ergebnis unserer Anlagen, es ist vor allem auch das Ergebnis unserer Lernerfahrungen in der Auseinandersetzung mit der Umwelt.
- Selbstvertrauen setzt nämlich das Erleben voraus, dass andere Menschen uns Vertrauen entgegen bringen – wie sollten wir Vertrauen zu uns selbst aufbauen, wenn wir nicht erfahren, dass uns vertraut wird?
- Insofern spielen für die Entwicklung des individuellen Selbstvertrauens die Ereignisse in der frühen Kindheit eine ganz entscheidende Rolle. Eltern und Erzieher, aber auch Geschwister, nähere Verwandte und Freunde sind dabei wesentlich. Der Psychoanalytiker Erik

Erikson hat den sehr bekannt gewordenen Begriff des Ur-Vertrauens geprägt und meinte damit das „Sich-Verlassen-Können" des Kleinkindes darauf, dass ihm seitens seiner engsten Bezugspersonen (in der Regel die Eltern) alles Notwendige zuteil wird, um überleben zu können.

- Je nachdem, wie stark wir also in unserer Kindheit und Jugend die Erfahrung machen, dass uns Vertrauen entgegen gebracht wird, um uns in die Welt zu integrieren, den vielfältigen Anforderungen des Lebens gerecht zu werden und dabei wichtige Tugenden des Sozialverhaltens (etwa Ehrlichkeit, Verlässlichkeit und Gerechtigkeit) zu beachten, umso stärker können wir uns ausprobieren, positive Erfahrungen sammeln und auf diese Weise sukzessiv unser Selbstvertrauen stärken.
- Dieser Kreislauf bedeutet natürlich nicht, dass nicht auch das eine oder andere schief gehen kann – mit einem grundsätzlichen Vertrauen in das Kind bzw. in den Jugendlichen führen solche Erfahrungen aber eben nicht zu einer resignativen Grundhaltung, sie werden vielmehr Ansporn sein, es erneut zu versuchen und sich weiter auszuprobieren. Und sie führen in der Folge dann zu der Erkenntnis, nicht alles gleich gut, dafür jedoch das eine deutlich besser als das andere und zudem vieles schrittweise erlernen zu können.
- Die Entwicklung des Selbstvertrauens endet aber selbstverständlich keineswegs mit dem Ende der Adoleszenz. Vielmehr ist es auch für den erwachsenen Menschen wichtig, vertrauensvolle Erfahrungen zu machen, die ihren Niederschlag im persönlichen Selbstvertrauen finden. Dies gilt für sämtliche Lebensbereiche, in denen wir uns als Erwachsene bewegen, der berufliche Kontext ist in dieser Hinsicht sicherlich von hervorgehobener Bedeutung. Dementsprechend stellt es auch eine ganz wichtige Führungsaufgabe für Vorgesetzte dar, sich zu trauen, ihren Mitarbeitern mit Vertrauen entgegenzutreten, damit diese wiederum sich trauen (können), verantwortungsvolle Arbeitsaufgaben mutig und engagiert anzugehen.

- Schwächen in der mentalen Fitness sind nun sehr häufig verbunden mit einem unzureichenden Selbstvertrauen der betreffenden Personen in ihr eigenes Vermögen. Folgerichtig müssen wir uns mit Blick auf die Einschätzung unseres eigenen Selbstvertrauens kritisch hinterfragen: Wie stark ist dies ausgeprägt? Worauf basiert unsere Einschätzung? Ist sie überhaupt realistisch?
- Die Gefahr eines sehr geringen Selbstvertrauens liegt auf der Hand: Wir werden uns vielen potenziellen Aufgaben erst gar nicht stellen in dem Bewusstsein, diese sowieso nicht angemessen meistern zu können. Statt Selbstvertrauen werden also Selbstzweifel dominieren. Und selbst wenn wir uns bestimmten Aufgaben nicht entziehen können, erleben wir diese eben nicht als Herausforderung, sondern als Bedrohung – ein negativer Kreislaufprozess wird auf diese Weise in Gang gesetzt.
- Unterbrechen und in eine positive Richtung lenken lässt sich dieser Prozess nur dadurch, dass wir immer dann, wenn wir Selbstzweifel hegen, unser Handeln kritisch betrachten und uns die Gründe hierfür vor Augen führen. Wir werden dann merken, dass diese Gründe nicht selten einer realistischen Grundlage entbehren und mehr das Ergebnis unserer übersteigerten negativen Befürchtungen sind. Dies zu begreifen, kann eine entscheidende Hilfe sein, mutig die erste Hürde zu überspringen und sich neuen Anforderungen erfolgreich zu stellen.

Fragen zur weiteren Auseinandersetzung

- Wie schätze ich mein eigenes Selbstvertrauen ein? An welchen Kriterien mache ich diese Einschätzung fest? Hat sich diese Einschätzung über die Zeit verändert?
- Wie sehen mich andere mit Blick auf mein Selbstvertrauen? Was zeichnet Personen aus, denen ich mehr Selbstvertrauen als mir selbst zuschreibe?

- Welche Konsequenzen hat mein Selbstvertrauen für meine individuelle Persönlichkeits- und Leistungsentwicklung?

Arbeiten Sie langfristig und überprüfen Sie sich kontinuierlich!

- Welche Erfolge haben die von mir vorgenommenen Veränderungen bislang bewirkt?
- Welche weiteren Maßnahmen sind erforderlich?

Lektion 22: Vorsicht vor abergläubischem Verhalten!

Ein Denkanstoß

Kurz, je weniger Aberglaube, desto weniger Fanatismus, und je weniger Fanatismus, desto weniger Unheil.

(Voltaire, 1694–1778, französischer Philosoph der Aufklärung)

Kurze Selbstreflexion

- Wie schätze ich mich und mein bisheriges Handeln hinsichtlich des Themas dieser Lektion ein?
- Wie fällt hierzu meine persönliche Stärken-Schwächen-Analyse aus?

Was Sie wissen sollten

- Wir alle nutzen zur effektiven Bewältigung unseres Alltages eine Vielzahl von Handlungsroutinen; dies fängt bereits bei den kleinen morgendlichen Ritualen zum Start in den Tag an und bildet ein durchgängiges Muster, wie die Art und Weise der Abarbeitung bestimmter Arbeitsaufgaben, den Zeitpunkt der Mittagspause, den Gang zum Sport bis hin zur „Platzordnung" im Wohnzimmer.
- Über diese Handlungsroutinen machen wir uns in der Regel keine Gedanken mehr, sie laufen – wie so viele bereits beschriebene Prozesse – weitgehend automatisiert ab. Erst dann, wenn sie durchbrochen werden (müssen), fallen sie uns auf, oftmals verbunden mit einem unangenehmen Gefühl.
- Der psychologische Nutzen solcher Routinen ist gleichermaßen einfach und lebensnotwendig: Sie schaffen eine Struktur, die uns Sicherheit gibt, damit wir uns den kleinen und großen Anforderungen des Lebens stellen können.
- Vor diesem Hintergrund ist auch das Phänomen des abergläubischen Verhaltens zu sehen, denn letztendlich findet es seine Grundlage in

solchen Handlungsroutinen: Weil wir in einem bestimmten Outfit eine besonders gute Prüfung absolviert haben, sind wir geneigt, dieses Outfit auch bei künftigen Prüfungen zu wählen. Haben wir im Vorlauf eines wichtigen Wettkampfes ein bestimmtes Restaurant zum Essen besucht, sind wir im Falle eines erfolgreichen Ausgangs geneigt, das nächste Mal in gleicher Weise zu verfahren. Diese Liste ließe sich beliebig ergänzen, jedem fällt dazu so manches Beispiel ein.

- Selbstverständlich ist uns rational bewusst, dass die Verbindung der jeweiligen Ereignisse wohl eher eine zufällige ist, das Outfit also genauso wenig über den Prüfungserfolg entscheidet wie die Restaurantwahl über den sportlichen Erfolg im Wettkampf. Allein die zeitliche Koppelung der Ereignisse und das gute Gefühl, das wir damit verbinden, lässt uns diesen Zusammenhang im Sinne des abergläubischen Verhaltens herstellen.
- Im Hochleistungssport können wir solche Phänomene ganz massiv beobachten – so ist Michael Schumacher niemals ohne einen bestimmten Talisman gefahren, und auch so mancher Fußballstar glaubt an die positive Wirkung ganz spezifischer Trikotnummern. Dass gerade aus dem Bereich des Hochleistungssports überaus viele Beispiele abergläubischen Verhaltens bekannt sind, kommt nicht von ungefähr: Es liegt wohl nicht an dem besonderen Klientel, auch nicht nur an dem damit verbundenen medialen Interesse; vielmehr ist es ein Indikator dafür, dass sich Menschen gerade unter hohem Stress und mit dem Gefühl der Unsicherheit danach sehnen, über bestimmte Routinen zu verfügen, mit denen sie über den Mechanismus des psychologischen Sicherheitsgewinns diesen Stress abbauen können.
- Insofern sind kleinere Ausprägungen abergläubischen Verhaltens durchaus unproblematisch und können für jeden von uns hilfreich sein – genauso, wie es Handlungsroutinen in unserem Alltag ja grundsätzlich sind. Allerdings wird es problematisch, wenn ein fehlendes Ritual zu massiven Verunsicherungen führt und unsere Handlungsfähigkeit bedeutsam negativ beeinflusst.

- Aus diesem Grund ist es ratsam, sein eigenes abergläubisches Verhalten einmal kritisch zu hinterfragen: In welchen Situationen unseres täglichen Lebens zeigen sich Indikatoren dafür? Sind wir in Stresssituationen für abergläubisches Verhalten besonders empfänglich? Wie reagieren wir, wenn unsere Tendenz zum abergläubischen Verhalten durchkreuzt wird?
- Mentale Fitness bedeutet eben auch, solche Hilfsmittel durchaus zu nutzen, andererseits aber nicht davon abhängig zu sein. Also: Das Fehlen des Talismans darf eben nicht zur Folge haben, dass unsere Leistung hierdurch massiv beeinträchtigt wird. Dies impliziert jedoch, dass wir vor allem für besonders stressreiche Situationen über effektivere Handlungsstrategien verfügen müssen, als sie sich über abergläubisches Verhalten bieten (können).
- Insofern ist ein ungewöhnlich stark ausgeprägtes Bedürfnis nach Strategien des abergläubischen Verhaltens eher ein Indiz dafür, dass wir für die jeweiligen Situationsanforderungen nicht hinreichend mental gewappnet sind. Diese Erkenntnis sollte der Ausgangspunkt sein für die Arbeit an angemessenen, zielführenden Handlungsmustern zur Bewältigung schwieriger Situationen.

Fragen zur weiteren Auseinandersetzung

- Habe ich mir jemals Gedanken über mein eigenes abergläubisches Handeln gemacht? Stelle ich solche Muster in meinem eigenen Verhalten fest?
- Habe ich das Gefühl, unter bestimmten Anforderungen in besonderem Maße auf abergläubisches Verhalten angewiesen zu sein? Was bringt mir dieses Verhalten?
- Welche attraktive Alternativen zum abergläubischen Verhalten sind für mich denkbar?

Arbeiten Sie langfristig und überprüfen Sie sich kontinuierlich!

- Welche Erfolge haben die von mir vorgenommenen Veränderungen bislang bewirkt?
- Welche weiteren Maßnahmen sind erforderlich?

Lektion 23: Steigern Sie Ihre Konzentrationsfähigkeit!

Ein Denkanstoß

Es ist außerordentlich schwierig und anstrengend, sich der inneren und äußeren Ablenkungen voll bewußt zu werden; doch nur durch das Verstehen ihrer Natur und ihrer Wirkungsweise und nicht, indem man sie ablehnt, findet man jene umfassende Konzentration.

(Jiddu Krishnamurti, 1895–1986, indischer Philosoph und Autor)

Kurze Selbstreflexion

- Wie schätze ich mich und mein bisheriges Handeln hinsichtlich des Themas dieser Lektion ein?
- Wie fällt hierzu meine persönliche Stärken-Schwächen-Analyse aus?

Was Sie wissen sollten

- Das Leistungsvermögen wird von einer Vielzahl verschiedener Einflüsse bestimmt, einige wichtige sind bereits angesprochen worden. Ganz unbestritten stellt in dieser Hinsicht die Konzentrationsfähigkeit einen besonders bedeutsamen Faktor dar.
- Für nahezu jede Aktivität benötigen wir Konzentration – ob wir nun unseren beruflichen Tätigkeiten nachgehen, uns sportlichen Herausforderungen stellen, private Angelegenheiten klären oder uns einfach „nur" im Straßenverkehr bewegen, ein Buch lesen oder den Haushalt bewältigen. Sicherlich ist das Ausmaß an erforderlicher Konzentration unterschiedlich groß; so verlangen Routineaufgaben sicherlich weniger Konzentration als neue oder ausgesprochen komplexe Arbeiten. Dennoch: Je besser unsere Konzentrationsfähigkeit ausgebildet ist, je gezielter wir diese in bestimmten Situationen einsetzen können und je stabiler sie sich auch bei hohen Anforderungen erweist, umso positiver ist dies für die Effektivität unseres Handelns.

- Konzentrationsfähigkeit lässt sich auf drei Wegen sehr gut beeinflussen: Zum einen über die grundlegende Erkenntnis, dass wir sie tatsächlich aus eigener Kraft steigern können. Hieraus sollten wir ausreichend Motivation schöpfen, um die beiden weiteren Wege anzugehen. Zweitens nämlich dadurch, dass wir uns selbst Rahmenbedingungen schaffen, welche die Konzentration fördern und ihr nicht entgegenstehen. Ein dritter Weg beschreibt schließlich die vielen praktischen Übungen, mit denen wir Tag für Tag gezielt ein wenig zur Verbesserung unserer Konzentrationsfähigkeit beitragen können.
- Damit wir gerade in wichtigen Leistungssituationen die dafür erforderliche Konzentration möglichst optimal abrufen können, müssen die Rahmenbedingungen hierfür stimmen. Darunter fallen ausreichender Schlaf, eine gesunde, ausgewogene Ernährung sowie der weitgehende Verzicht auf Alkohol und Nikotin. Diese Komponenten werden leider immer noch zu sehr vernachlässigt, sie leuchten zwar (den meisten Menschen) unmittelbar ein, im Alltag halten wir uns aber zu oft nicht daran. Selbstverständlich können und sollten wir durchaus zwischendurch dem eigenen Genussverlangen nachgeben, dies ist schon alleine für die eigene Zufriedenheit unabdingbar; allerdings in Maßen und in dem Wissen, unmittelbar danach weniger konzentrations- und eben leistungsfähig zu sein.
- Ferner sollten wir alles vermeiden, was unsere Konzentration von der eigentlichen Aufgabe ablenkt. Typische „Ablenker“ sind eine störende Geräuschkulisse im Hintergrund, Nachrichten, die uns per Handy erreichen, ein parallel geöffnetes Internetportal usw. Wenn wir uns selbst dazu verpflichten, uns ausschließlich auf die anstehende Aufgabe zu fokussieren, wird es uns leichter fallen, diese „Ablenker“ auszuschalten.
- Schwieriger stellt sich die Situation dar, wenn wir uns gedanklich mit anderen Dingen beschäftigen, diese also ungeplant und ungewollt unsere Konzentration von der eigentlichen Aufgabe abziehen. Oftmals sind diese „störenden“ Gedanken das Resultat einer zeitlichen Überforderung oder Fehlorganisation, wir stecken also bei der aktuellen

Arbeit noch halb in einer vorherigen Aufgabe oder konzentrieren uns bereits auf eine neue. An dieser Stelle ist also erneut gutes Zeitmanagement gefragt. In dem Bewusstsein zu handeln, die an uns gerichteten Anforderungen nicht parallel, sondern nacheinander anzugehen, schafft eine innere Ruhe, mit der wir vielen unnötigen Störungen effektiv begegnen können. Handelt es sich hingegen um Sorgen, die uns im Kopf begleiten, können wir diese natürlich nicht einfach ausblenden; der Vorsatz, sich nach Erledigung der nunmehr anstehenden Aufgabe gezielt damit auseinanderzusetzen, anstatt sich noch zusätzlich über die „Störung" zu ärgern, kann ein hilfreicher Schritt sein.

- Was auch nicht selten vergessen wird ist der Umstand, dass wir nicht über viele Stunden hinweg auf einem gleich hohen Konzentrationslevel agieren können. Von daher sind immer wieder Pausen erforderlich. Solche Pausen sollten durchaus ritualisiert stattfinden, denn – wie bereits erwähnt – schaffen solche Rituale Sicherheit. Auch sollten wir uns in den Pausen durchaus belohnen, etwa durch einen kleinen Snack, einen kurzen Spaziergang oder ein wenig Musik. Auf diese Weise erhöhen wir mit einfachen Mitteln ganz erheblich die eigene Motivation, uns danach wieder engagiert der anstehenden Aufgabe zu stellen.
- Gezielte Übungen zur Steigerung der Konzentrationsfähigkeit gibt es viele, sie brauchen an dieser Stelle nicht beispielhaft aufgeführt werden. Entscheidend ist, dass sie auf die Erfordernisse der eigenen Person angepasst sind. In diesem Sinne sollten sie vom Anforderungsniveau her eine Herausforderung darstellen, ansonsten ist keine Verbesserung zu erzielen. Zudem ist bei der Auswahl der Übungen zu beachten, ob für eine Person vor allem ein extrem hohes Maß an Konzentration für einen relativ kurzen Zeitraum erforderlich ist oder aber das Konzentrationsvermögen über einen sehr langen Zeitraum möglichst konstant gehalten werden soll (schließlich trainiert ein Kurzstrecken- auch anders als ein Langstreckenläufer).
- Entscheidend ist aber stets, dass die Übungen Spaß machen und auch nicht zu zeitaufwendig sind – nur so ist gewährleistet, dass sie tat-

sächlich regelmäßig durchgeführt werden. Nachhaltiger Erfolg stellt sich nämlich nur durch permanente Übung ein. Im Sinne der kontinuierlichen Verbesserung müssen dabei das Schwierigkeitsniveau stetig gesteigert und auch die Aufgabentypen gewechselt werden.

- Last, but not least sind gerade im Zuge körperlicher Anstrengungen (also etwa im Sport) Konzentrationsdefizite eng gekoppelt mit physischen, vor allem mit konditionellen Problemen: Ist die erforderliche körperliche Fitness nicht gegeben, werden im Zuge der eintretenden Ermüdung eben auch die konzentrativen Potenziale geringer. In solchen Fällen empfiehlt es sich also, zunächst (auch) die körperliche Fitness zu optimieren.

Fragen zur weiteren Auseinandersetzung

- Bei welchen Anforderungen werde ich hinsichtlich meiner konzentrativen Leistung besonders beansprucht? Wie komme ich mit diesen Anforderungen zurecht?
- Was fällt mir besonders schwer mit Blick auf die eigene Konzentrationsfähigkeit? Wie bewerte ich im Vergleich zu anderen meine eigene Konzentrationsfähigkeit, wie bewerte ich sie im Vergleich zu früheren eigenen Leistungen?
- Habe ich mich bereits einmal mit der Frage beschäftigt, meine Konzentrationsfähigkeit konkret zu fördern? Habe ich bereits Versuche unternommen?

Arbeiten Sie langfristig und überprüfen Sie sich kontinuierlich!

- Welche Erfolge haben die von mir vorgenommenen Veränderungen bislang bewirkt?
- Welche weiteren Maßnahmen sind erforderlich?

Lektion 24: Nutzen Sie Zeiten der Entspannung und Freizeit!

Ein Denkanstoß

Verlerne das nie: dich nach der Arbeit auszurasten und auszuträumen. Geh nicht auf im Erwerben, im Abrackern von Körper und Geist! Und wenn es nur Stunden der Muße sind, wahre dir die Stunden, da du in das Schöne, das Große hineinsiehst, das über uns allen im Lichte schwebt. Jede solche Stunde, innig genossen, wird dir Kraft geben für viele andere Stunden.

(Ferdinand Avenarius, 1856–1923, deutscher Dichter)

Kurze Selbstreflexion

- Wie schätze ich mich und mein bisheriges Handeln hinsichtlich des Themas dieser Lektion ein?
- Wie fällt hierzu meine persönliche Stärken-Schwächen-Analyse aus?

Was Sie wissen sollten

- Es klang bereits mehrfach in den vorherigen Lektionen durch: Im Zuge der vielfältigen Bemühungen zur Förderung der Leistungsfähigkeit und auch der mentalen Fitness wird ein Aspekt gerne vergessen: Ausreichende Phasen der Entspannung und Freizeit tragen ganz entscheidend dazu bei, unsere Leistungsfähigkeit und mentale Fitness zu erhalten und diese zu verbessern.
- Phasen der Entspannung und Freizeit sind dabei in verschiedener Hinsicht erforderlich; ganz egal jedoch, ob es sich um eine nur sehr kurze Erholungsperiode zwischen zwei zu erledigenden Aufgaben oder um eine längere Regeneration im Zuge eines mehrwöchigen Urlaubs handelt, wichtig ist stets, dass man sich auf diese Phasen ganz bewusst einlässt und sie aktiv nutzt. Nur dann können sie nämlich gleichermaßen Körper und Seele stärken.

- Kleine Pausen zwischendurch sind eine ausgezeichnete Möglichkeit, um Konzentrations- und Motivationsschwächen vorzubeugen und sich wieder engagiert den Anforderungen des Alltages zu stellen. Rituale können hierbei helfen, sich ganz gezielt für eine sehr überschaubare Zeitspanne nicht mit der eigentlichen Thematik zu beschäftigen, sondern sich nach Möglichkeit Dingen zuzuwenden, die wirklich zur Entspannung beitragen. Das kann selbstverständlich eine kurze Entspannungsübung sein, es kann aber auch ein netter Plausch, eine gute Tasse Tee oder ein gefallendes Musikstück sein. Entscheidend ist nur, dass die Pause geeignet ist, die eigenen Gedanken tatsächlich weg zu führen von den zu erledigenden Aufgaben (in diesem Sinne bieten viele Unternehmen mittlerweile ihren Mitarbeitern durchaus sinnvolle Angebote für Körper und Seele in der Mittagspause oder auch nach der eigentlichen Arbeitszeit an).
- Gleiches gilt im Grunde genommen für die etwas längeren Phasen der Erholung, so etwa nach einem langen Arbeitstag. Als Zielperspektive sollte stets gelten, sich selbst Möglichkeiten zu geben, sich auch tatsächlich erholen zu können – und dies geht eben nur dann, wenn man Dinge tun (oder eben auch lassen) kann, die Freude bereiten und einen entsprechend positiven Effekt hinterlassen. Ob nun Sport, Kino, der Besuch bei Freunden oder einfach nur das „Sich-Treiben-Lassen" ohne wieder planen zu müssen – den Möglichkeiten sind kaum Grenzen gesetzt, entscheidend sind die jeweiligen individuellen Bedürfnisse.
- Besonders wichtig in diesem Zusammenhang sind längere Phasen der Erholung, so etwa das Wochenende oder ein Urlaub. Aufgrund der größeren Zeiträume bieten diese Phasen sehr gute Gelegenheiten, für sich selbst Erholung und Entspannung zu finden. Dafür müssen sie jedoch auch richtig genutzt und nach den persönlichen Erfordernissen ausgerichtet werden. Es lohnt sich von daher, sich durchaus die Zeit zu nehmen und sich selbst kritisch zu hinterfragen, womit man tatsächlich am besten Abstand vom (Arbeits-)Alltag gewinnen kann, was der eigenen Person besondere Freude bereitet usw. Im Zuge ei-

ner solchen Reflexion merken wir dann meist ganz schnell, dass Entspannung und Erholung oftmals gar nicht ausgesprochen große und aufwändige Maßnahmen erfordern, vielmehr bedarf es manchmal nur ganz kleiner Dinge, um dieses Ziel zu erreichen. Wir müssen uns aber Zeit nehmen, uns in dieser Hinsicht kennenzulernen, und dann auch bereit sein, unsere Vorstellungen in konkretes Handeln umzusetzen.

- Ein guter Start in die richtige Richtung besteht darin, die Pausen, die sich immer wieder ergeben, einmal dahingehend zu hinterfragen, wie wir sie ganz konkret nutzen: die Pausen zwischen diversen Arbeits- oder Trainingsphasen, zwischen einzelnen Vorträgen auf einer Konferenz, während eines Wettkampfs oder zwischen verschiedenen Besprechungsterminen; sind sie nun groß oder klein, geplant oder ungeplant – nutzen wir die Pausen sinnvoll oder sind sie nur „Füller“ zwischen Phasen leistungsbezogenen Handelns?
- Bei all diesen Formen der Entspannung und Freizeit gilt stets: Sie sollten frei von jeglichem Zwang sein. Das heißt zum einen, nicht auch noch in dieser Zeit Dinge zu tun, die man eigentlich nicht tun will, aber aus Rücksicht gegenüber anderen meint, tun zu müssen. Dies hat keinen Erholungswert. Solche Formen von Verpflichtung lassen sich zwar nicht generell vermeiden, sie sollten aber äußerst begrenzt sein, zudem sollten darüber hinaus genügend Freiräume für tatsächlich erholsame Aktivitäten (oder eben auch für gewollte und bewusst erlebte Passivitäten) vorhanden sein.
- Eine typische „Entspannungsfalle“ besteht zudem darin, potenziell freie Zeit mit einer Vielzahl von Aktivitäten zu verplanen. Es kommt dann nur zum sogenannten „Freizeitstress“, dadurch wird logischerweise der eigentliche Sinn der Erholung und Entspannung verfehlt.
- Zudem fällt es vielen Menschen erst einmal schwer, abzuschalten und sich nicht mehr mit den – oftmals stressreichen – Anforderungen zu beschäftigen. Wir können eben unserem Gehirn nicht „verordnen“, Unangenehmes auszublenden, wir können uns nicht zwingen, uns zu entspannen. Sich selbst in dieser Hinsicht Druck machen zu wollen, führt also nur wieder zu neuem Stress. Zielführender ist es vielmehr,

solche „Rückfälle“ mit Gelassenheit hinzunehmen, ohne sich aber weiter damit auseinanderzusetzen; je besser wir dies schaffen, umso schneller gelingt es uns auch, wirklich Abstand zu gewinnen.

- Es ist keineswegs peinlich oder ein Zeichen von Desinteresse, fehlendem Engagement oder gar Faulheit, sich gezielt um Zeiten der Freizeit und Erholung zu kümmern und diese auch zu „pflegen“. Wer meint, ein leistungsfähiger und engagierter Mensch zeichne sich durch die alleinige Orientierung an der Arbeit aus, ist sehr kurzsichtig. Solche Fehleinschätzungen finden wir sehr häufig, besonders beliebt ist dieser Gedanke in unserer heutigen Berufswelt. Die Tatsache, dass bspw. viele Menschen trotz Krankheit zur Arbeit gehen, ist sicherlich nicht ausschließlich die Folge einer Angst vor Arbeitsplatzverlust; dahinter steht allerdings vielfach ein Fremd- oder Selbstbild dergestalt, dass gute Arbeit eine geradezu permanente Verfügbarkeit und Einsatzbereitschaft ausmacht. Das Gegenteil ist aber der Fall; die Diskussionen um den erheblich angestiegenen Anteil von Personen, die unter psychisch (mit-)bedingten Krankheitsbildern leiden, unterstreicht diese fatale Fehlentwicklung auf unserem Arbeitsmarkt. In dieser Hinsicht ist bei vielen ein Umdenken im Interesse der eigenen psychischen und physischen Gesundheit und einer positiven Persönlichkeitsentwicklung dringend erforderlich – aber auch ein Umdenken bei denjenigen, die Verantwortung für andere Personen übernehmen.

Fragen zur weiteren Auseinandersetzung

- Nutze ich die verfügbaren freien Zeiten sinnvoll für meine Erholung? Finde ich in diesen Zeiten einen ausreichenden Abstand zu den an mich gestellten Anforderungen?
- Kann ich gut abschalten? Unter welchen Bedingungen fällt es mir leicht, unter welchen Bedingungen fällt es mir eher schwer?
- Wie bewerte ich persönlich den Stellenwert von freier Zeit im Vergleich zur fremdbestimmten Zeit?

Arbeiten Sie langfristig und überprüfen Sie sich kontinuierlich!

- Welche Erfolge haben die von mir vorgenommenen Veränderungen bislang bewirkt?
- Welche weiteren Maßnahmen sind erforderlich?

Lektion 25: Vermeiden Sie den „Tunnelblick"!

Ein Denkanstoß

Auch die Bretter, die man vor dem Kopf hat, können die Welt bedeuten.

(Werner Finck, 1902–1978, deutscher Kabarettist, Schauspieler und Schriftsteller)

Kurze Selbstreflexion

- Wie schätze ich mich und mein bisheriges Handeln hinsichtlich des Themas dieser Lektion ein?
- Wie fällt hierzu meine persönliche Stärken-Schwächen-Analyse aus?

Was Sie wissen sollten

- Der Begriff des „Tunnelblicks" stammt ursprünglich aus der Augenheilkunde und bezieht sich darauf, dass das Gesichtsfeld eingeschränkt ist, bspw. aufgrund krankhafter Veränderungen der Netzhaut oder des Sehnervs. Innerhalb der Psychologie wird dieser Begriff verwendet, wenn die Wahrnehmungsfähigkeit des Gehirns eingeschränkt ist, etwa im Zuge eines übermäßigen Alkoholkonsums. Der breiten Öffentlichkeit am besten bekannt ist der „Tunnelblick" allerdings in Verbindung mit dem psychologischen Phänomen, bestimmte Dinge nicht sehen zu wollen (oder zu können), sie also von der eigenen Wahrnehmung auszuschließen; hierfür wird auch gerne das Bild von den „Scheuklappen" verwendet.
- In unserem Alltag legen wir solche „Scheuklappen" in ganz vielen Situationen an, ohne uns darüber im Klaren zu sein. Typische Beispiele lassen uns dieses Prinzip sehr gut erkennen: Haben wir eine bestimmte politische Grundhaltung, so werden wir ganz bestimmte Nachrichtenmagazine lesen, andere hingegen nicht. Wir umgeben uns auch lieber mit Menschen, die uns in unseren Überzeugungen und

Einstellungen ähnlich sind, weniger lieb sind uns Menschen, deren Haltungen (völlig) konträr zu unseren eigenen sind. Und wenn wir uns erst einmal eine positive Meinung über eine andere Person gebildet haben, sind wir bei dieser Person eher bereit, kleinere Schwächen zu verzeihen, als bei Personen, von denen wir ohnehin nicht viel halten.

- Viele weitere Beispiele dieser Art ließen sich aufführen. Sie verdeutlichen uns: Wir tun selbst aktiv sehr viel dafür, dass sich uns die Welt so darstellt, wie wir sie letztendlich sehen wollen. Und dabei messen wir zum Teil mit sehr unterschiedlichem Maß. Dass wir dabei dann einer Reihe von Fehleinschätzungen unterliegen, anderen Menschen oftmals Unrecht tun und bedauerlicherweise eine sehr einseitige Sichtweise von vielen Dingen des Lebens bekommen, liegt auf der Hand.
- Gerade nun mit Blick auf das Leistungsverhalten kann sich ein solcher „Tunnelblick“ in erheblichem Maße negativ auswirken: Wir stehen einer Veränderung skeptisch gegenüber (menschlich durchaus verständlich, da Veränderungen ja zunächst immer mit Unsicherheiten dahingehend verbunden sind, was uns erwartet) und sehen nur die damit verbundenen Schwierigkeiten, nicht aber den sich möglicherweise ergebenden Gewinn. Oder: Eine konkrete Aufgabe macht uns zu schaffen. Anstatt sich aber Zeit zu nehmen, nach positiven Lösungsalternativen zu suchen, klammern wir uns in unserem Denken immer wieder an den Punkten fest, an denen wir nicht weiterkommen. Und schließlich ist für unsere eigene Leistung oftmals auch die Zusammenarbeit mit anderen wichtig – während wir bestimmten Personen erst gar keine echte Chance für ein konstruktives Miteinander geben (wollen), übersehen wir bei anderen Menschen die durchaus vorhandenen Schwachpunkte. Insgesamt wird auf diese Weise die Ergebnisqualität erheblich vermindert.
- Die Vermeidung solcher Ausprägungen des „Tunnelblicks“ stellt eine gravierende Herausforderung im Zuge der mentalen Fitness dar, psychologisch ist es nämlich wesentlich bequemer, über eine „klare Ord-

nung" unserer Denkstrukturen zu verfügen und diese Ordnung auch immer wieder bestätigt zu finden – wer irrt sich schon gerne in seiner Sicht auf die Welt?

- Dementsprechend ist es wesentlich anstrengender, seine eigenen Denkmuster auf den Prüfstand zu stellen und dabei möglichst durchgängig motiviert zu sein, diese – falls erforderlich – auch zu verändern. Das Vermeiden des „Tunnelblicks" setzt also eine konstruktiv-kritische Haltung gegenüber sich selbst voraus.
- Die Bereitschaft, sich dieser Auseinandersetzung zu stellen, kann von daher nur aus der Erkenntnis erwachsen, dass der eingeschränkte Blick auf die Welt uns im wörtlichen Sinne Schranken auferlegt, die uns – zumindest auf längere Sicht betrachtet – daran hindern, vieles zu sehen, was uns nützlich sein kann und uns hilft, den an uns gestellten Anforderungen besser zu begegnen.
- Da uns die eigenen „Scheuklappen" im Alltag oftmals aber gar nicht präsent sind, da sie vielmehr automatisch und unreflektiert auf unser Denken und Handeln einwirken, müssen wir uns zunächst dieser Prozesse bewusst werden. Achten wir einmal im Laufe des Tages darauf, wie wir unser eigenes Verhalten begründen und warum wir das Verhalten anderer so bewerten, wie wir es letztendlich tun. Auf diese Weise installieren wir quasi eine Art „Kontrollfilter" und werden feststellen, nach welchen einfachen Regeln in vielerlei Hinsicht unsere eingeschränkte Sichtweise von der Welt funktioniert.
- Mit einer solchen Form der selbstauferlegten Disziplin und der eigenen „Überwachung" lernen wir uns und unsere „Scheuklappen" besser kennen, gleichzeitig werden wir aber auch vermutlich besser die Reaktionen aus unserem Umfeld verstehen lernen. Dabei ist das Erkennen der eigenen Schwächen eine wichtige Chance, um sich persönlich weiterentwickeln und damit eben auch effektiver mit den Herausforderungen des Lebens umgehen zu können. Eigene Schwächen wegzuschieben bzw. sie zu überdecken, ist zwar eine beliebte und auch in menschlicher Hinsicht nachvollziehbare Methode, sie lässt uns aber als Persönlichkeit keineswegs wachsen.

- Zusätzlich sollten wir uns ganz bewusst die Rückmeldung anderer einholen: Haben Menschen, deren Meinung uns wichtig ist, den Eindruck, dass wir in bestimmten Situationen von ebendiesem „Tunnelblick" geleitet werden? Passiert uns dies relativ häufig? Passiert es uns bei bestimmten Typen von Situationen? Rückmeldungen dieser Art sind wertvolle Hinweise darauf, wie wir funktionieren, sie können uns dementsprechend helfen, gezielt an uns zu arbeiten.

Fragen zur weiteren Auseinandersetzung

- Sind mir persönlich Menschen aus meinem näheren Umfeld mit einem ausgeprägten „Tunnelblick" bekannt? Welche Mechanismen laufen dabei ab, welche Konsequenzen hat deren Handeln?
- Habe ich mir schon einmal Gedanken darüber gemacht, inwieweit mich selbst ein solcher „Tunnelblick" leitet? In welchen Lebensbereichen und Situationen ist dies der Fall? Wie gehe ich für mich damit um?
- Bin ich überhaupt bereit, mich immer wieder kritisch zu hinterfragen? Geht es mir nicht ohne eine solche Reflexion der eigenen Person besser? Bin ich bereit für eine Veränderung?

Arbeiten Sie langfristig und überprüfen Sie sich kontinuierlich!

- Welche Erfolge haben die von mir vorgenommenen Veränderungen bislang bewirkt?
- Welche weiteren Maßnahmen sind erforderlich?

Lektion 26: Ausgeglichenheit macht fit!

Ein Denkanstoß

Nur ein Mensch von höchster und glücklichster geistiger Ausgeglichenheit versteht es, auf eine Weise fröhlich zu sein, die ansteckend wirkt, das heißt unwiderstehlich und gutmütig.

(Fjodor M. Dostojewski, 1821–1881, russischer Schriftsteller)

Kurze Selbstreflexion

- Wie schätze ich mich und mein bisheriges Handeln hinsichtlich des Themas dieser Lektion ein?
- Wie fällt hierzu meine persönliche Stärken-Schwächen-Analyse aus?

Was Sie wissen sollten

- Dass Ausgeglichenheit eine wünschenswerte Eigenschaft im Sozialverhalten darstellt, wird unmittelbar klar, wenn wir uns die vielen Beispiele mürrischer, schlecht gelaunter und vor allem auch in ihren Stimmungen stark schwankender Personen anschauen, mit denen wir uns nicht selten auseinanderzusetzen haben, sei es nun im beruflichen Alltag, bei Erledigungen in Ämtern und Behörden oder im privaten Umfeld.
- Der häufige Umgang mit unausgeglichenen Menschen ist vor allem deshalb so unangenehm und anstrengend, weil uns ihr Verhalten so wenig berechenbar erscheint; dies bedeutet für uns von daher einen erheblichen Unsicherheitsfaktor – wir wissen kaum einzuschätzen, wie die Person in einer konkreten Begegnung tatsächlich reagieren wird, das kann nämlich heute ganz anders sein als gestern in einer vergleichbaren Situation.
- Den unausgeglichenen Menschen selbst stellt dieses Persönlichkeitsmerkmal allerdings gleichermaßen vor Schwierigkeiten, denn nur die

wenigsten gefallen sich ja in ihrer Art (und einer damit verbundenen negativen Außenwirkung). In der Regel fühlen sie sich dementsprechend unwohl, haben aber oftmals das Gefühl, nicht aus ihrer Haut zu können. Gerne wird von daher Unausgeglichenheit als quasi angeborener Bestandteil des eigenen Temperamentes bzw. Charakters betrachtet, eine solche Sichtweise greift aber viel zu kurz.

- Vielmehr können wir nämlich selbst in erheblichem Maße unsere eigene innere Ausgeglichenheit fördern – und dies bedeutet in der Quintessenz, mit sich selbst zunehmend ins Reine zu kommen.
- Der Anspruch, mit sich selbst im Reinen zu sein, bezieht sich dabei selbstverständlich nicht darauf, dass uns Tag für Tag alles gelingt, wir keinen Anlass des Ärgers haben, keine Niederlagen erleben oder nicht durchaus auch Dinge tun müssen, die uns eigentlich missfallen. Einen solchen Menschen werden wir in der Realität vermutlich nicht finden. Gemeint ist vielmehr, dass die entscheidenden Bereiche des Lebens in einer für uns zufriedenstellenden Bahn verlaufen.
- In dieser Hinsicht nun können wir aktiv werden und unsere Ausgeglichenheit fördern: Das Leben verläuft in den seltensten Fällen „zufällig" in die von uns gewünschten Richtungen, vielmehr müssen wir es in diese lenken und uns im Sinne eines „Ist-Soll-Vergleichs" kontinuierlich hinterfragen, auf dieser Basis dann Korrekturen vornehmen usw. Im wahrsten Sinne des Wortes ist also der Weg das Ziel, denn an unserer Ausgeglichenheit müssen wir permanent und lebenslang arbeiten.
- Im Zuge dieses Prozesses können sich natürlich auch eigene Haltungen und Standpunkte verändern, schon allein deshalb, weil verschiedene Lebensphasen ganz spezifische und immer wieder neue Aufgaben an uns stellen, weil sich unsere Interessensschwerpunkte verändern oder auch Verantwortlichkeiten im privaten und beruflichen Umfeld wandeln.
- Entscheidend ist aber stets als leitende Frage: Bin ich bei kritischer Reflexion meiner aktuellen Situation im Grunde genommen zufrieden mit den Kernbereichen, die mein Leben ausmachen, also Partner-

schaft, Familie, Freunde, Beruf, Ehrenamt, Sport usw.? Selbstverständlich variiert diese Aufzählung von Person zu Person (bspw. je nach Lebensalter), auch werden diese Kernbereiche individuell unterschiedlich gewichtet. Nichtsdestotrotz sollten wir uns aktiv damit auseinandersetzen, in welchen Bereichen sich erhebliche Diskrepanzen im Sinne des „Ist-Soll-Vergleichs" ergeben.

- Je größer diese Diskrepanzen sind und je mehr zentrale Bereiche des eigenen Lebens davon betroffen sind, umso unzufriedener und damit eben auch unausgeglichener werden wir letztendlich sein. Die logische Konsequenz hieraus ist das Bemühen um Veränderung, vor der wir uns – wie in den vorherigen Lektionen bereits besprochen – aber oftmals scheuen. Nicht selten überwiegt die eigene Unsicherheit dahingehend, was eine veränderte Situation bringt und ob auf diese Weise tatsächlich ein Gewinn für die eigene Person erzielt wird. Zudem wird unser Bemühen nicht selten durch die subjektive Überzeugung gehemmt, eigentlich nicht wirklich etwas verändern zu können.
- Faktisch ergeben sich aber bei genauem Hinsehen (und damit verbundener hoher Motivation) in der Regel viel mehr Ansatzpunkte zur Veränderung, als wir auf den ersten Blick zu sehen glauben. Die Haltung, hilflos zu sein und keine Optionen des Wandels zum Besseren zu besitzen, dürfen wir von daher gar nicht erst für uns selbst zulassen. Vielmehr müssen wir immer wieder engagiert nach Optionen suchen, die uns auf den zielführenden Weg zurückbringen und damit die eigene Ausgeglichenheit signifikant fördern.

Fragen zur weiteren Auseinandersetzung

- Erlebe ich mich häufiger in meinem Leben als unausgeglichen? In welchen Lebensbereichen bzw. Situationen treten diese Gefühle der Unausgeglichenheit auf?
- Welche Konsequenzen hat Unausgeglichenheit für mich und mein soziales Umfeld? Welche Strategien setze ich ggf. dagegen ein?

- Inwieweit belastet mich meine eigene Unausgeglichenheit? Erleben andere mich ggf. unausgeglichener als ich mich selbst wahrnehme (oder umgekehrt)?

Arbeiten Sie langfristig und überprüfen Sie sich kontinuierlich!

- Welche Erfolge haben die von mir vorgenommenen Veränderungen bislang bewirkt?
- Welche weiteren Maßnahmen sind erforderlich?

Lektion 27: So gehen Sie richtig mit anderen um!

Ein Denkanstoß

Handle so, daß die Maxime deines Willens jederzeit zugleich als Prinzip einer allgemeinen Gesetzgebung gelten könne.

(Immanuel Kant, 1724–1804, deutscher Philosoph)

Kurze Selbstreflexion

- Wie schätze ich mich und mein bisheriges Handeln hinsichtlich des Themas dieser Lektion ein?
- Wie fällt hierzu meine persönliche Stärken-Schwächen-Analyse aus?

Was Sie wissen sollten

- In beinahe sämtlichen Fort- und Weiterbildungsveranstaltungen spielt die Frage der Sozialkompetenz mittlerweile eine hervorgehobene Rolle. Gerne auch als „social skills" oder als „soft skills" bezeichnet, fallen unter Sozialkompetenz ebensolche Fertigkeiten, die im sozialen Miteinander hilfreich und förderlich sind.
- Hierbei drängt sich natürlich sofort die Frage der Perspektive auf – hilfreich und förderlich für wen? Für die eigene Person? Oder für mein soziales Umfeld? Sozialkompetenz impliziert im Idealfall stets einen Nutzen für beide Seiten im Sinne einer „Win-Win-Situation"; damit verbunden ist also auch die Überzeugung, nicht darauf hinzuarbeiten, die eigenen Ziele ungeachtet der Kosten für die anderen Parteien rücksichtslos durchzusetzen.
- Selbst wenn wir uns aber ausschließlich von einer ganz egoistischen Haltung heraus fragen, was uns persönlich ein sozial kompetenter Umgang mit anderen Menschen nützt, so zeigt sich sehr schnell, dass sich das Bemühen in dieser Hinsicht lohnt - denn die psychologischen

Mechanismen funktionieren in der Tat nach dem bekannten Motto: „Wie man in den Wald hinein ruft, so schallt es auch heraus."

- Der Mensch ist ein soziales Wesen und als solches zwingend auf einen befriedigenden Umgang mit seiner Außenwelt angewiesen. Dies merken wir oft erst im Falle auftretender Konflikte, wenn sich etwa aufgrund von kleineren Unstimmigkeiten plötzlich Fronten verhärten und in zunächst harmonischen Beziehungen deutliche, meist unerwartete Spannungen sichtbar werden. Denn dieser für uns so lebensnotwendige, befriedigende Umgang miteinander stellt sich nicht automatisch ein, wir selbst haben stets die Möglichkeit zu entscheiden, wie wir in den Wald hinein rufen und welche Konsequenzen dies dann zeitigt.
- Im Umgang mit anderen Personen müssen wir uns also im Vorfeld stets die Frage stellen, welche Reaktionen wir mit unserem Verhalten ggf. auslösen können. Oftmals sind wir von diesen Reaktionen überrascht, sie treffen uns gänzlich unerwartet. Um einer solchen Situation vorzubeugen, ist der bereits beschriebene Perspektivenwechsel eine sinnvolle Maßnahme: Wie würde ich selbst in der Position des anderen auf mein (geplantes) eigenes Verhalten reagieren? Ein wichtiger Grundsatz sollte dabei stets sein, nicht Toleranzen bei anderen zu fordern, die wir selbst nicht einzuräumen bereit sind.
- Zwischenmenschliche Probleme treten bekannterweise oftmals in Situationen auf, in denen negative Kritik an dem Gegenüber geübt wird. Eine solche Kritik kann durchaus sinnvoll und zielführend sein, sie sollte keineswegs unter den Tisch gekehrt werden. Entscheidend ist aber, dass sich die Kritik stets auf den konkreten Sachverhalt beziehen und niemals auf die Person als solche zielen sollte. Also: „Das Verhalten X finde ich schlecht." Nicht aber: „Dich als Person finde ich schlecht." Auch wenn Letzteres meist nicht in dieser expliziten Form gesagt wird, drücken wir es faktisch mit dem Gesagten oftmals so aus (und meinen es nicht selten im Zuge heftigen Ärgers in der Situation auch so). In diesem Fall sind dann – verständlicherweise – die Widerstände vorprogrammiert.

- Weiterhin sollte im Zuge der Kritik stets erkennbar werden, dass es sich hierbei um die eigene Einschätzung des Sachverhalts handelt, wir also stets unseren persönlichen (subjektiven, also keineswegs objektiven) Standpunkt vermitteln: „Ich finde, dass du dich in dieser Situation nicht angemessen verhalten hast“ ist eine deutlich andere Aussage als: „Du hast dich in dieser Situation nicht angemessen verhalten.“
- Darüber hinaus zeichnet sich ein grundsätzlich förderlicher Umgang mit anderen durch ein erkennbar echtes Bemühen und ein erkennbar echtes Interesse an der Person aus. Deutlich zu machen, dass uns etwas an dem anderen Menschen gelegen ist und wir bspw. bemüht sind, ihn in seinem Fortkommen zu unterstützen, bei seinen Problemen zu helfen oder aber die Spannungen mit ihm aus der Welt zu schaffen, führt unmittelbar zu einer konstruktiveren Atmosphäre, die von unserem Gegenüber mit Sicherheit positiv erwidert werden wird.
- In diesem Zuge ist es zudem hilfreich, stets die Intention zu signalisieren, den anderen und die Situation, in der sich dieser befindet, tatsächlich verstehen zu wollen. Der Perspektivenwechsel sollte von daher nicht nur von uns durchgeführt werden, wir sollten diese Bereitschaft zum Perspektivenwechsel unserem Gegenüber ebenfalls aktiv vermitteln.
- Last, but not least: „Aus dem Wald schallt es so heraus, wie hinein gerufen wird.“ Diese Lebensweisheit gibt zu erkennen, dass sehr schnell entsprechende gegenseitige Verstärkungsprozesse in Gang gesetzt werden, die oftmals schon nach recht kurzer Zeit eine positive oder negative Eigendynamik annehmen. Im negativen Fall können wir einiges dazu beitragen, diese Selbstverstärkungsprozesse zu unterbrechen bzw. ihnen erst gar keine Chance zu geben – indem wir nämlich auf Aktionen anderer, die wir als negativ bewerten, nicht stumpf und unreflektiert ebenso destruktiv reagieren. Vielmehr sollten wir uns bemühen, mit positiven Signalen bereits die Vorboten konflikthafter, unangenehmer oder belastender Ereignisse im Keim zu ersticken und auf diese Weise die Signale in Richtung eines befriedigenden Mitei-

nanders zu lenken. Dies geschieht im Interesse unseres sozialen Umfeldes, vor allem dann aber auch im Interesse der eigenen Person.

Fragen zur weiteren Auseinandersetzung

- Wie gehe ich mit anderen Personen in der Regel um? Mache ich mir über die möglichen Konsequenzen meiner Handlungen bereits im Vorfeld Gedanken?
- Versuche ich, stets beide Seiten der Medaille zu betrachten oder ist mein Verhalten primär von den eigenen Intentionen geleitet?
- Erkenne ich die Dynamik sich verstärkender positiver, aber auch negativer Prozesse gerade auch im Umgang mit angespannten Beziehungskonstellationen?

Arbeiten Sie langfristig und überprüfen Sie sich kontinuierlich!

- Welche Erfolge haben die von mir vorgenommenen Veränderungen bislang bewirkt?
- Welche weiteren Maßnahmen sind erforderlich?

Lektion 28: Angst hemmt!

Ein Denkanstoß

Es gibt keine Grenzen. Weder für Gedanken, noch für Gefühle. Es ist die Angst, die immer Grenzen setzt.

(Ingmar Bergmann, 1918–2007, schwedischer Drehbuchautor, Film- und Fernsehregisseur)

Kurze Selbstreflexion

- Wie schätze ich mich und mein bisheriges Handeln hinsichtlich des Themas dieser Lektion ein?
- Wie fällt hierzu meine persönliche Stärken-Schwächen-Analyse aus?

Was Sie wissen sollten

- Unser Organismus verfügt über verschiedene Warnsysteme, die uns helfen sollen, auf Gefahren rechtzeitig aufmerksam zu werden und etwas dagegen zu unternehmen. So weisen uns Schmerzen bspw. sehr unangenehm darauf hin, dass etwas mit uns momentan nicht in Ordnung zu sein scheint. Aber auch die vielfältigen Möglichkeiten der medizinischen Vorsorge mittels der Analyse von Blutwerten, Ultraschalluntersuchungen usw. sind sehr sinnvolle Maßnahmen, unseren gesundheitlichen Zustand zu überprüfen.
- In diesem Sinne stellt auch die Angst ein zunächst positives Warnsignal dar, es weist uns darauf hin, vorsichtig(er) zu sein und einer möglichen Schädigung vorzubeugen. Die Angst etwa davor, nachts bestimmte Orte alleine aufzusuchen, oder die Angst davor, gefährlichen Tieren vorbehaltlos zu begegnen, sind solche Beispiele. In der Literatur werden hierfür auch die Begriffe „Furcht" oder auch „Realangst" verwendet. Gerade kleinere Kinder können Gefahrenquellen dieser

Art oftmals noch nicht ausmachen und müssen dementsprechend durch ihre Bezugspersonen geschützt werden.

- Irrationale Formen der Angst können jedoch in hohem Maße hemmen und sehr destruktive Auswirkungen haben – denn wie das Kind oftmals die potenzielle Schädigung noch gar nicht erkennen kann, ist es umgekehrt auch denkbar, dass Schädigungen erwartet werden, deren befürchtetes Eintreten aber jeder realistischen Grundlage entbehrt. Also: Angst ist ein höchst subjektiver Zustand, der eine massive Beeinträchtigung der eigenen Lebensführung zur Folge haben kann.
- Die Ursachen der Angst liegen dabei stets in der subjektiven Bewertung einer Situation. Diese Bewertung orientiert sich an den beiden Polen „Herausforderung" und „Bedrohung": Eine herausfordernde Situation ist eine Situation, die sich zwar als schwierig erweist, der man sich aber grundsätzlich gewachsen fühlt. Im Sinne der Herausforderung könnte somit ein Sportler ganz bewusst einen sehr anspruchsvollen Wettkampf bestreiten wollen, oder ein Mitarbeiter könnte sich bereit erklären, einen höchst verantwortungsvollen, neuen Aufgabenbereich zu übernehmen. Bedrohlich wird eine Situation hingegen dann erlebt, wenn man persönlich zu der Einschätzung gelangt, den Anforderungen einer Situation eben nicht gewappnet zu sein: Der Sportler soll einen Wettkampf bestreiten, ist sich aber sicher, dass er damit vollkommen überfordert sein wird. Oder der Mitarbeiter glaubt zu wissen, dass seine Kompetenzen nicht im Entferntesten ausreichen werden, um das neue Tätigkeitsfeld erfolgreich gestalten zu können.
- Die Bewertung einer Situation als herausfordernd oder eben als bedrohend hat nun entscheidend mit der Frage zu tun, welche Kompetenzen und Möglichkeiten man bei sich selbst sieht, um erfolgreich diese Situation meistern zu können – je mehr Strategien und Fähigkeiten man also bei sich selbst erkennt, umso eher wird man sich im Sinne der Herausforderung ohne Gefühle einer hemmenden Angst aktiv mit der Situation auseinandersetzen.

- Wir alle kennen aus eigener Erfahrung Ereignisse, in denen wir Angst bereits erlebt haben, von daher wissen wir auch um den lähmenden Charakter der Angst: Angst fördert ganz massiv die Tendenz, sich aus der Situation zu befreien bzw. sie erst gar nicht aufzusuchen, wenn Angst bereits im Vorfeld auftritt (und zwar allein aufgrund der Vorstellung, was uns ggf. alles Negatives passieren könnte). Angst unterstützt also unseren Fluchtinstinkt. Die Konsequenz liegt auf der Hand: Derjenige, der auf viele Situationen mit Angst reagiert, wird erst gar nicht versuchen, diese erfolgreich zu bewältigen.
- Das Fatale daran ist ebenfalls offensichtlich: Angst kann nur durch die Erfahrung reduziert werden, dass die Auseinandersetzung mit dem zunächst bedrohlichen Ereignis gelingt; denn es ist eben genau die Erfahrung dieser erfolgreichen Auseinandersetzung, durch welche das Ereignis seine Bedrohung verliert. Hinzu kommt, dass die Entscheidung gegen eine solche Auseinandersetzung zwar nicht langfristig zielführend ist, kurzfristig aber subjektiv erfolgreich: Sobald wir uns nämlich entschieden haben, uns von der Situation abzuwenden, lässt die Angst nach.
- Auf diese Weise entsteht eine Art Teufelskreis: Unsere defensive Form, mit bedrohlichen Ereignissen umzugehen, gepaart mit der nachfolgenden „Belohnung", die wir hierfür erhalten, kann Angst langfristig nicht reduzieren. Im Gegenteil: Angst verstärkt sich, schon allein deshalb, weil sie die Tendenz besitzt, auf ähnliche Situationen zu generalisieren.
- Ein solcher Teufelskreis kann nur dadurch unterbrochen werden, dass wir uns kritisch hinterfragen, warum wir denn eigentlich der Auffassung sind, einer Situation nicht gewachsen zu sein: Welche Kompetenzen fehlen uns? Fehlen uns diese wirklich? Auf welche Weise können wir die erforderlichen Kompetenzen erwerben? Und wenn wir der Meinung sind, eigentlich über hinreichende Strategien zu verfügen, uns aber das Unerwartete, Ungewisse und Diffuse hemmt – dann ist es entscheidend, sich den in dieser Lektion beschriebenen Mechanismus ganz klar vor Augen zu führen und sich bewusst dazu

zu entscheiden, „ins kalte Wasser zu springen". Nur auf diese Weise geben wir uns überhaupt die Chance zur Erfahrung, dass die erwarteten negativen Konsequenzen ausbleiben. Diese Form der positiven Rückmeldung ist die beste Grundlage, um sich weiteren Situationen zu stellen und diese dann verstärkt als herausfordernd und eben nicht mehr als bedrohend zu erleben.

- Wie deutlich geworden sein dürfte, ist Angst in hohem Maße irrational. Insofern ist gerade in diesem Zusammenhang die Unterstützung durch wichtige Bezugspersonen wichtig: Sie können uns ermutigen, sich den für uns zunächst äußerst unangenehmen Anforderungen zu stellen, sie können aber auch unsere oftmals verzerrte zurückhaltende Einschätzung unserer eigenen Möglichkeiten und Kompetenzen korrigieren. Und schließlich können sie auch die Sichtweise bei uns fördern, dass nicht jeder Versuch direkt mit einem „sichtbaren" Erfolg verknüpft sein muss, sondern vielmehr der erste, ganz entscheidende Erfolg darin besteht, es versucht zu haben.

Fragen zur weiteren Auseinandersetzung

- Bin ich ein ängstlicher Mensch? Wie schätze ich mich diesbezüglich im Vergleich zu meinem sozialen Umfeld ein?
- In welchen Lebensbereichen bzw. Situationen reagiere ich mit Angst? Welche Gedanken sind damit verbunden?
- Ist Angst für mich ein zielführender Ratgeber? Inwieweit beeinflusst Angst mein Handeln?

Arbeiten Sie langfristig und überprüfen Sie sich kontinuierlich!

- Welche Erfolge haben die von mir vorgenommenen Veränderungen bislang bewirkt?
- Welche weiteren Maßnahmen sind erforderlich?

Lektion 29: Ein schlechter Ratgeber: Aggressivität!

Ein Denkanstoß

Die Schicksalsfrage der Menschenart scheint mir zu sein, ob und in welchem Maße es ihrer Kulturentwicklung gelingen wird, der Störung des Zusammenlebens durch den menschlichen Aggressions- und Selbstvernichtungstrieb Herr zu werden.

(Sigmund Freud, 1856–1935, österreichischer Neurologe, Begründer der Psychoanalyse)

Kurze Selbstreflexion

- Wie schätze ich mich und mein bisheriges Handeln hinsichtlich des Themas dieser Lektion ein?
- Wie fällt hierzu meine persönliche Stärken-Schwächen-Analyse aus?

Was Sie wissen sollten

- Aggressive Tendenzen sind ein ganz natürlicher Bestandteil der Persönlichkeit eines jeden Menschen, wenngleich wir uns zum Teil erheblich dahingehend unterscheiden, in welcher Form und mit welcher Intensität wir aggressives Verhalten nach außen zeigen.
- Aggressive Tendenzen können vielfältige Formen annehmen, sie können gegen die eigene Person (Autoaggression) oder gegen andere Menschen gerichtet sein, sie können sich in verbalen, psychischen oder auch physischen Formen ausdrücken, sie können sich auf Objekte oder Gegenstände beziehen, sich aber auch in Form von Ersatzhandlungen wie etwa einer sportlichen Aktivität realisieren.
- In welcher Form auch immer sich aggressive Tendenzen zeigen, unstrittig ist dabei zweierlei: Zum einen treten sie im sozialen Miteinander immer wieder auf, sie lassen sich nicht einfach ausblenden, unterdrücken oder ignorieren; zum anderen unterscheiden sich

aggressive Muster ganz erheblich hinsichtlich ihrer sozialen Akzeptanz.

- Die Ursachen der Aggressivität sind vielfältig, typische Quellen sind Frustration, Ärger oder auch Hilflosigkeit: So ist in der psychologischen Forschung die sogenannte „Frustrations-Aggressions-Hypothese“ sehr bekannt geworden; wie der Name bereits andeutet, können demnach frustrierende Erlebnisse Auslöser für aggressives Verhalten sein. Eine wohl noch eindringlichere Erfahrung ist das Erleben von Hilflosigkeit, also die subjektive Wahrnehmung, keinen Einfluss auf das Geschehen nehmen zu können und insofern auch die eigene Kontrolle darüber zu verlieren; Hilflosigkeit kann sich in Aggressivität entladen. Der Ärger über ein Ereignis, über das Verhalten eines anderen oder auch über sich selbst als Auslöser aggressiven Verhaltens ist uns allen wohl bestens bekannt.
- Die gewählte Überschrift „Ein schlechter Ratgeber: Aggressivität“ soll uns darauf hinweisen, dass die in Folge von Frustration, Ärger, Hilflosigkeit oder auch anderen Ursachen gezeigten aggressiven Verhaltensmuster oftmals keineswegs konstruktive, sondern vielmehr destruktive Wirkungen zeitigen. Also: Aggressivität löst in der Regel keine Probleme, sie verschärft diese nur bzw. sie lässt neue entstehen. Die Regel von dem „reinigenden Gewitter“ trifft nämlich in der Lebenswirklichkeit eher selten zu.
- Oftmals richten wir nun unsere Aggressionen jedoch nicht auf den eigentlichen Gegenstand unserer Frustration oder unseres Ärgers, vielmehr suchen wir uns hierfür ein „passendes Opfer“; wir kennen alle das plakative Bild des Mitarbeiters, der zu Unrecht vom Vorgesetzten in massiver Form getadelt wird und in der Folge seine Wut zu Hause an seiner Familie auslässt. Vielfältige Konstellationen lassen sich an dieser Stelle beispielhaft finden. Ebenso ist aber auch denkbar, dass wir unsere Aggressionen gegen uns selbst richten, uns vielleicht „bestrafen“, indem wir uns eine angenehme Freizeitaktivität nicht gönnen. Und selbst dann, wenn die aggressive Handlung auf denjenigen gerichtet ist, der in unseren Augen tatsächlich dafür ver-

antwortlich ist, wird dadurch meist die in der Regel ohnehin bereits angespannte Situation noch verschärft – denn wir werden uns eher nicht sachlich und zurücknehmend verhalten; die meist ja ohnehin emotional aufgeladene Atmosphäre kann sich sehr schnell wechselseitig aufschaukeln, und die Auseinandersetzung kann in der Folge eskalieren.

- Ein wichtiger Bestandteil mentaler Fitness ist es von daher, seine aggressiven Tendenzen nicht zu unterdrücken, sondern diese durchaus zuzulassen. Entscheidend ist aber, dass wir hierbei stets einen konstruktiven Umgang mit den eigenen Aggressionen finden.
- Insofern müssen wir die Bereitschaft entwickeln, die Gründe unserer aggressiven Tendenzen selbstkritisch zu überprüfen, vor allem aber auch die Effekte, die diesen aggressiven Tendenzen folgen: Sind meine Aggressionen überhaupt gerechtfertigt? Interpretiere ich die Situation korrekt? Suche ich vielleicht nur nach Möglichkeiten, um meinem Ärger schnell Luft machen zu können? Und vor allem: Reagiere ich angemessen oder überzogen bzw. sozial absolut inakzeptabel?
- Wenn wir bereit sind, uns diesen Fragen immer wieder aufs Neue zu stellen, lernen wir die Gründe unserer aggressiven Tendenzen besser kennen, zudem lernen wir, Kontrolle darüber zu gewinnen. Auf diese Weise erwerben wir die Fähigkeit, selbstsicherer mit unseren Aggressionen umzugehen und unnötige Formen der Eskalation zu vermeiden, die oftmals weitere Frustrationen (und eben auch Aggressionen) auslösen können.
- Selbstverständlich unterscheiden sich die Menschen dahingehend, wie sie mit ihren aggressiven Tendenzen umgehen. Aber ein hohes Maß an Impulsivität ist keineswegs ein unveränderbarer Bestandteil der Persönlichkeit, wir können lernen, nicht andauernd aus der Haut zu fahren, sondern uns vielmehr zu kontrollieren. Aggressives Verhalten vollzieht sich ja in der Regel in einem sozialen Umfeld, in dem also andere Menschen involviert sind – am Arbeitsplatz, innerhalb der Familie, beim Sport usw. Vor allem in Kontexten, in denen wir Verantwortung gegenüber anderen Menschen tragen und auch als bei-

spielhaftes Modell fungieren (etwa in der Rolle des Vorgesetzten, Lehrers oder Familienvaters), sind wir dabei in besonderer Weise zur Reflexion verpflichtet.

Fragen zur weiteren Auseinandersetzung

- Zeige ich häufiger aggressives Verhalten? In welchen Lebensbereichen bzw. Situationen tritt dieses Verhalten auf?
- Welche Folgen hat aggressives Verhalten für mich und mein soziales Umfeld sowohl kurzfristig als auch langfristig?
- Wenn ich mich aggressiv verhalte, geschieht dies in der Regel bewusst und kontrolliert? Möchte ich manches Mal im Nachhinein Geschehenes ungeschehen machen? Wie gehe ich mit meinem Fehlverhalten um, welche Konsequenzen ziehe ich hieraus?

Arbeiten Sie langfristig und überprüfen Sie sich kontinuierlich!

- Welche Erfolge haben die von mir vorgenommenen Veränderungen bislang bewirkt?
- Welche weiteren Maßnahmen sind erforderlich?

Lektion 30: Temperament, Fähigkeiten und Talente – was Sie darüber wissen sollten!

Ein Denkanstoß

Eine Anlage gibt es nur im Hinblick auf eine Umwelt und eine Umwelt nur im Hinblick auf eine Anlage. Wofür keine Anlage vorhanden ist, dafür wird auch nichts als Umwelt wirksam, wofür keine Umwelt vorhanden ist, dafür wird auch keine Anlage wirksam.

(Heinrich Roth, 1906–1983, deutscher Pädagoge)

Kurze Selbstreflexion

- Wie schätze ich mich und mein bisheriges Handeln hinsichtlich des Themas dieser Lektion ein?
- Wie fällt hierzu meine persönliche Stärken-Schwächen-Analyse aus?

Was Sie wissen sollten

- Wenn wir einen Moment inne halten und uns selbst – durchaus kritisch – beschreiben sollten, dann würde eine ansehnliche Liste unterschiedlicher Attribute resultieren. Diese Attribute werden in vielen Teilen positiv, in anderen Teilen ggf. auch weniger positiv ausfallen: Menschen sind intelligent, fleißig, ehrlich, hilfsbereit, misstrauisch, neidisch, handwerklich begabt, sportlich usw. Und selbstverständlich unterscheiden sich Menschen dahingehend, in welcher Ausprägung solche Attribute auf sie persönlich tatsächlich zutreffen.
- Nach den Gründen für diese unterschiedlichen Ausprägungen gefragt, werden eine Reihe von Eigenschaften gerne als Fähigkeiten und Talente oder aber auch als Teil unseres Temperamentes beschrieben: Max ist besonders sportlich, Karin mathematisch sehr begabt, Jens ist eher ein aufbrausender Typ, Angelika ist von Kindesbeinen an besonders schüchtern.

- Wie bereits an verschiedenen Stellen dieses Buches angesprochen, neigen wir dazu, spezifische Merkmale unserer Persönlichkeit (aber auch Merkmale anderer Personen) als gegeben und damit auch als wenig veränderbar zu betrachten – eben mit der Begründung, sie seien doch Teil unseres Temperamentes, sie seien eine besondere Fähigkeit oder auch ein spezieller Charakterzug.
- Für die Stärkung der eigenen mentalen Fitness soll in dieser Lektion noch einmal ganz deutlich herausgearbeitet werden, dass diese Annahme in ihrer Einseitigkeit nicht zutreffend ist: Richtig ist, dass wir bestimmte Anlagen quasi in die Wiege gelegt bekommen, bspw. eine sportliche Begabung, eine intellektuelle Grundausstattung oder auch eine Neigung zur Zurückhaltung und Schüchternheit. Richtig ist auch, dass gerade unser familiäres Umfeld sehr viel dazu beitragen kann, inwieweit sich solche Anlagen ausbauen bzw. verfestigen oder sich eben auch in die entgegengesetzte Richtung entwickeln.
- Entscheidend ist aber, uns selbst immer wieder darüber klar zu werden, in welch hohem Maße wir selbst unsere positiven Eigenschaften ausbauen, ebenso jedoch unsere negativen, uns störenden Eigenschaften verändern können. Wir sind also weder unseren Anlagen noch unseren Einflüssen aus der Umwelt hilflos ausgeliefert, wir selbst sind der entscheidende aktive Part zur Gestaltung unserer Persönlichkeit mit ihren vielfältigen Facetten.
- Diese Tatsache müssen wir uns immer wieder vor Augen führen, vor allem in solchen Situationen, in denen wir merken, wie uns einzelne Denkweisen, Empfindungen oder Verhaltensmuster stören bzw. uns in unserer Entwicklung hemmen. Wir haben also stets die Möglichkeit, aus eigener Kraft neue Wege zu beschreiten.
- Dies ist sicherlich oftmals nicht einfach, da wir ja in sozialen Umwelten agieren, die eher zu einer Verfestigung der eingeschlagenen Wege beitragen: So wird eine schüchterne Person als schüchtern wahrgenommen, und es wird entsprechend seltener versucht, diese Haltung bei ihr zu verändern. Derjenige, der sich bestimmte sportliche Aktivitäten nicht zutraut, wird ebenso kaum ermutigt, diese doch einfach

einmal auszuprobieren, vielmehr akzeptiert das Umfeld in der Regel die gelebte Zurückhaltung. Insofern sind wir stets selbst diejenigen, die Verantwortung für uns übernehmen müssen und nicht darauf warten sollten, dass wir von außen in eine neue Richtung gelenkt werden – wenn dies bisweilen dennoch passiert, umso besser.

- Die Möglichkeit, aus eigener Kraft neue Wege zu beschreiten, wird von uns gerne dann nicht erkannt, wenn wir zwar einerseits die Notwendigkeit zur Veränderung erkennen, wir aber andererseits im Grunde genommen uns nicht ändern wollen, bspw. weil uns dies zu schwierig erscheint, weil wir nicht wissen, wie dies tatsächlich vonstatten gehen soll, oder auch, weil wir nicht einschätzen können, welche Folgen sich hieraus ergeben werden. Der sehr impulsive Mensch, der immer wieder sein Umfeld vor den Kopf stößt, hat in der Auffassung, dies sei nun mal sein Temperament, einen guten Grund, nicht an dieser Schwäche arbeiten zu müssen, obwohl er eigentlich weiß, dass ein solcher Persönlichkeitszug nicht akzeptabel ist. Letztendlich erwartet er also Verständnis für ein Verhalten, für das er im Grunde genommen kein Verständnis erwarten kann.
- Das Umfeld kann also durchaus positive Veränderungen auch dadurch unterstützen, dass es eben nicht (länger) bereit ist, bestimmte Eigenschaften einfach zu tolerieren. Es sollte vielmehr durchaus Grenzen setzen, wenn dies erforderlich erscheint, und die Person in die Pflicht nehmen, an sich zu arbeiten und sich zu verändern. Ebenso sollte es aber neben einem solchen Signal möglichst auch an den Stellen förderlich einwirken, bei denen es um die Stärkung positiver Komponenten der Persönlichkeit geht.
- Unabhängig davon, ob aber nun das Umfeld in der Vergangenheit oder auch in der Gegenwart sich eher förderlich oder hindernd verhalten hat, ob die anlagebedingten Voraussetzungen eher eine positive oder aber negative Entwicklung in mancherlei Hinsicht begünstigen, entscheidend bleibt die Erkenntnis, dass dies alles durchaus wichtige Rahmenbedingungen sind, diese stellen allerdings eben nur

den Rahmen dar – die Ausgestaltung des Inhaltes hängt in erster Linie von uns selbst ab.

Fragen zur weiteren Auseinandersetzung

- Habe ich mich bereits einmal mit der Frage beschäftigt, welche Einflüsse meine Anlagen und meine Erziehung auf mein Verhalten (gehabt) haben?
- Auf welche Persönlichkeitsmerkmale bin ich besonders stolz, welche möchte ich gerne verändern? Welche dieser Merkmale haben sich mit der Zeit gewandelt? Warum?
- Wie sehr erlebe ich mich überhaupt als aktiven Gestalter und Entwickler meiner eigenen Persönlichkeit?

Arbeiten Sie langfristig und überprüfen Sie sich kontinuierlich!

- Welche Erfolge haben die von mir vorgenommenen Veränderungen bislang bewirkt?
- Welche weiteren Maßnahmen sind erforderlich?

Lektion 31: Blicken Sie über den Tellerrand hinaus!

Ein Denkanstoß

Ich habe keine besondere Begabung, sondern bin nur leidenschaftlich neugierig.

(Albert Einstein, 1879–1955, deutsch-amerikanischer Physiker)

Kurze Selbstreflexion

- Wie schätze ich mich und mein bisheriges Handeln hinsichtlich des Themas dieser Lektion ein?
- Wie fällt hierzu meine persönliche Stärken-Schwächen-Analyse aus?

Was Sie wissen sollten

- Wir alle wissen, wie leicht wir in unserem privaten und beruflichen Leben in Gewohnheiten und Routinen verfallen, die nach einer gewissen Zeit sehr stark unseren Alltag bestimmen und von uns in der Folge kaum noch kritisch hinterfragt werden.
- Wie bereits beschrieben, sind solche sich wiederholenden und immer wiederkehrenden Verhaltensmuster durchaus sinnvoll, denn sie geben unserem Leben eine feste Struktur. Wir fühlen uns damit sicher und glauben zu wissen, auf welche Weise wir am besten durchs Leben gehen sollen. Bei all diesen Gewohnheiten und Routinen besteht allerdings die Gefahr, sich im wahrsten Sinne des Wortes in den Alltäglichkeiten zu verlieren und sich kaum noch Freiräume zu geben, über Grundsätzliches nachzudenken, Perspektiven zu entwickeln, Visionen nachzugehen. Kurzum: Wir nehmen uns selbst in vielfacher Weise die Möglichkeiten, über den Tellerrand des Gewohnten hinauszuschauen.
- Hierbei geht es nicht in erster Linie um die ganz großen Veränderungen im Leben, der Blick über den Tellerrand fängt nämlich schon bei den kleinen Dingen an – zu schauen, wie ein bestimmter Arbeitsab-

lauf ggf. in einer anderen Abteilung ganz anders, aber nicht weniger zielführend und vielleicht sogar effektiver gelöst wird, das Gespräch zu suchen über andere Formen des Zusammenspiels von Familie und Beruf als diejenige, die von uns selbst praktiziert wird, offen zu sein für neue Lehrmethoden im Unterricht oder auch Übungsformen im Sport. Die Liste lässt sich auf jeglichen Bereich unseres Lebens anwenden und erweitern.

- Der Aufwand hierfür ist oftmals gar nicht besonders groß, die Effekte können aber umso nachhaltiger sein. Impulse, die sich daraus ergeben, dass wir stets und immer wieder aufs Neue bereit sind, über das Gewohnte hinauszublicken, motivieren uns in der Folge zu Veränderungen, sie lassen uns Neues versuchen oder können uns durchaus auch in der Überzeugung stärken, einen bereits eingeschlagenen Weg mit aller Kraft fortzuführen.
- Dass uns dies im Alltag so selten gelingt, hat zum einen damit zu tun, dass wir gar nicht bemerken, wie wenig Freiraum wir uns überhaupt zur Besinnung und kritischen Bestandsaufnahme geben. Zum anderen, es wurde in verschiedenen Lektionen ja bereits angesprochen, ist jegliche Form, sich aus der Routine des Alltages zu lösen, ein Wagnis, das eben verbunden ist mit dem Risiko der Verschlechterung.
- Mentale Fitness beinhaltet in diesem Sinne also zweierlei: Wir müssen immer wieder ganz bewusst unsere Gewohnheiten und Rituale durchbrechen, uns Nischen schaffen und aktiv Gelegenheiten suchen, uns neuen Perspektiven zu stellen. Dabei sollten wir uns grundlegend der Bereitschaft zum Wagnis verpflichtet fühlen, nur auf diese Weise lassen sich Veränderungen ins Positive initiieren. Die Tatsache, dass der eine oder andere Weg sich dabei als nicht zielführend erweisen wird, ist keineswegs ein Hinderungsgrund, sondern vielmehr Teil einer insgesamt positiven Kosten-Nutzen-Bilanz.
- In der Regel entspringt die Bereitschaft, uns dem Neuen zu stellen, oftmals dem Druck einer Krise, in die wir uns nicht selten selbst hineinmanövriert haben. Wir merken in solchen Situationen, dass sich etwas verändern muss, dass wir unseren Horizont erweitern müssen,

dass es so wie bisher nicht weitergehen kann. Hierfür kann es viele Auslöser geben, allen gemein ist ein gravierendes Gefühl der Unzufriedenheit mit der aktuellen Lage.

- Solche „Aufrüttler“ sind sicherlich manchmal erforderlich, um Dinge auf den richtigen Weg zu bringen, wir kennen alle in diesem Zusammenhang den Ausspruch: „Ein solcher Warnschuss war wohl erforderlich.“ Nicht selten haben wir aber dann bereits sehr viel wertvolle Zeit verpasst und auch viele Chancen bereits ungenutzt gelassen. Insofern sollten „Aufrüttler“ dieser Art eher die Ausnahme sein, der Blick über den Tellerrand hinaus sollte für uns vielmehr ein aktivierender Impuls für den Umgang mit unseren täglichen Anforderungen sein.
- Sicherlich gelingt eine solche Aktivierung nicht auf Anhieb und für alle Lebensbereiche, als grundlegende Haltung müssen wir sie schrittweise in unser Verhaltensrepertoire aufnehmen und sie sukzessiv festigen. Je mehr wir aber aufgrund der dann resultierenden positiven Erfahrungen in dieser Haltung bestärkt werden, umso leichter wird es uns künftig fallen, diesen Weg konsequent weiter zu gehen.
- Auch an dieser Stelle kann das vertraute soziale Umfeld unterstützend einwirken: Es kann uns sensibel machen, wenn wir in bestimmten Denk- und Handlungsstrukturen festgefahren sind, es kann uns auf mögliche Alternativen hinweisen, es kann aber auch Modell sein dafür, wie man erfolgreich den Blick über den Tellerrand hinaus wagt.

Fragen zur weiteren Auseinandersetzung

- Wie sehr erlebe ich mich selbst als in meinen Routinen und Gewohnheiten gefangen?
- Welche Erfahrungen habe ich bislang mit Umbruchsituationen in meinem Leben gemacht? Welche primären Ursachen sehe ich dafür?

- Welche Reaktionen löst die Vorstellung bei mir aus, stets offen für Veränderungen sein zu wollen?

Arbeiten Sie langfristig und überprüfen Sie sich kontinuierlich!

- Welche Erfolge haben die von mir vorgenommenen Veränderungen bislang bewirkt?
- Welche weiteren Maßnahmen sind erforderlich?

Lektion 32: Gehen Sie konstruktiv mit Krisen um!

Ein Denkanstoß

Im Gang der Entwicklung heißt Crisis [griech. für Krise; d. V.] der Augenblick, in dem das ganze einem Umschlag unterliegt, aus dem der Mensch als Verwandelter hervorgeht [...]. Die Lebensgeschichte geht nicht zeitlich ihren gleichmäßigen Gang, sondern gliedert ihre Zeit qualitativ, treibt die Entwicklung des Erlebens auf die Spitze, an der entschieden werden muss [...]. Die Crisis hat ihre Zeit. Man kann sie nicht vorwegnehmen und sie nicht überspringen. Sie muss wie alles im Leben reif werden.

(Karl Theodor Jaspers, 1883–1969, deutscher Psychiater und Philosoph)

Kurze Selbstreflexion

- Wie schätze ich mich und mein bisheriges Handeln hinsichtlich des Themas dieser Lektion ein?
- Wie fällt hierzu meine persönliche Stärken-Schwächen-Analyse aus?

Was Sie wissen sollten

- Krisen gehören zum Leben genauso dazu wie die vielen positiven Erfahrungen, die wir machen dürfen. Manche davon sind bereits von Beginn an vorgezeichnet, so sprechen die Psychologen von typischen kritischen Ereignissen, mit denen wir uns über den Lebenslauf hinweg auseinandersetzen müssen; hierzu gehört bereits der Eintritt in den Kindergarten, der Übergang in die Schule, der Umgang mit den körperlichen und sozialen Folgen der Pubertät im Jugendalter, die Phasen der Berufsfindung und der späteren beruflichen Konsolidierung, der Partnerwahl und ggf. der Familienplanung bis hin zu den schließlich auftretenden krisenhaften Ereignissen in der späten Erwachsenenphase wie der Austritt aus dem Berufsleben, der Verlust von engen Bezugspersonen oder auch der Umgang mit Krankheit und körperlicher bzw. geistiger Einschränkung. Andere Krisen treffen nicht alle Menschen, wie bspw. der plötzliche Verlust des Arbeitsplatzes, ein schwerer Unfall oder die Trennung vom Lebenspartner.

- Viele sogenannte Weisheiten aus dem Volk zeigen bereits die potenziellen Möglichkeiten an, die sich aus solchen schwierigen Situationen ergeben: Jede Krise birgt eine Chance zum Neubeginn. Wenn eine Tür sich schließt, geht eine andere auf. Oder auch: Mit jedem Abschied fängt etwas Neues an.
- Die Quintessenz dieser und ähnlicher wohlgemeinter Ratschläge soll uns darauf hinweisen, dass uns bei allen Schwierigkeiten und Problemen, die uns ggf. im Zuge einer Krise hart und oftmals gänzlich unvorbereitet treffen, Perspektiven für eine positive Veränderung der eigenen Lebenssituation offen stehen.
- Sich konstruktiv mit einer Krise auseinandersetzen zu können, bedeutet genau dies, nämlich die Fähigkeit, solche Perspektiven zu erkennen und aktiv zu nutzen, damit sich die persönliche Lebenssituation entsprechend förderlich verändern wird. Dies geschieht also nicht automatisch oder zwangsläufig, ganz im Gegenteil, wir selbst müssen uns hierfür auf den richtigen Weg bringen.
- Tatsache ist nun allerdings, dass Krisen (zunächst) oftmals ganz anders erlebt werden, nämlich als Belastung und Bedrohung, als schwere Bürde, von der man nicht weiß, wie man sie am besten bewältigen kann bzw. ob man sie überhaupt bewältigen wird. Und in vielen Fällen ist sie das zunächst auch, weshalb mancher durchaus „in ein tiefes Loch“ zu fallen droht.
- Entscheidend ist aber, bei dieser Situationseinschätzung eben nicht stehen zu bleiben. Dies bedeutet: Auf der einen Seite darf eine Krise nicht verharmlost, bagatellisiert oder einfach verdrängt werden. Falls es hierfür selbst zu verantwortende Ursachen gibt, müssen wir diese Ursachen für uns schonungslos offenlegen, um daraus für die Zukunft zu lernen. Dies gilt auch für den Fall, dass andere Personen uns in diese Lage (beabsichtigt oder unabsichtlich) gebracht haben, auch hie-

raus sollten wir Konsequenzen ziehen für unser zukünftiges Verhalten.

- Zentral ist aber in der Folge der Blick nach vorne im Umgang mit der Krise: Welche Alternativen stehen uns überhaupt zur Verfügung? Welche Vor- und Nachteile sind mit den verschiedenen Alternativen verbunden? Wie realistisch sind diese Alternativen mit Blick auf ihre Umsetzung, was trauen wir uns diesbezüglich zu? An dieser Stelle kann, wie bereits mehrfach erwähnt, wiederum das soziale Umfeld unterstützend und ermutigend zur Seite stehen. Allerdings kann es auch hemmend wirken – und zwar immer dann, wenn es nicht ermutigt, Potenziale zu nutzen, Neues auszuprobieren und dabei auch Enttäuschungen zu riskieren, sondern eher die Ängste und Unsicherheiten der eigenen Person von außen noch verstärkt.
- Nicht in der Krise stecken zu bleiben, sondern sich vielmehr den Weg aus der Krise zu bahnen, impliziert die Bereitschaft, neue Perspektiven zu entwickeln. Die Fähigkeit, eine Krise erfolgreich zu bewältigen, setzt von daher stets den unbedingten Willen voraus, diese Krise tatsächlich auch bewältigen zu wollen.
- Dies mag auf den ersten Blick banal erscheinen, selbstverständlich wollen wir doch alle nicht in einer Krise verhaftet bleiben, sondern diese möglichst schnell hinter uns lassen. Auf den zweiten Blick sehen wir aber, dass wir manches Mal durchaus selbst viel dazu beitragen, in dem genannten Loch stecken zu bleiben; wir ergeben uns quasi in unser Schicksal, verlieren uns in Selbstmitleid und werden bisweilen darin noch von außen bestärkt. So sinnvoll ein Innehalten für einen begrenzten Zeitraum sein kann (es eröffnet uns Zeit zum Nachdenken, zur Reflexion und auch zur Reaktivierung unserer Kräfte), so destruktiv wirken Passivität und Stillstand langfristig.
- Auf lange Sicht zielführend sind insofern nur der konstruktive Blick nach vorne, das „Sich-Öffnen“ für neue Optionen und das Annehmen von Herausforderungen. In diesem Sinne ergeben sich in der Tat Chancen, und es öffnen sich neue Türen, deren dahinterliegende Räume es zu erkunden gilt.

Fragen zur weiteren Auseinandersetzung

- Wie erlebe ich mich selbst im Umgang mit auftretenden Krisen? Handele ich tatsächlich konstruktiv?
- Gibt es Mechanismen, die bei mir typischerweise im Zuge einer Krise ausgelöst werden? In welchen Situationen bzw. Lebensbereichen geschieht das?
- Greift bei mir das Merkmal der Herausforderung im Umgang mit auftretenden Krisen?

Arbeiten Sie langfristig und überprüfen Sie sich kontinuierlich!

- Welche Erfolge haben die von mir vorgenommenen Veränderungen bislang bewirkt?
- Welche weiteren Maßnahmen sind erforderlich?

Lektion 33: So gehen Sie effektiv mit Mehrfachbelastungen um!

Ein Denkanstoß

All knowledge is vain save when there is work. And all work is empty save when there is love.
(Alles Wissen ist vergeblich ohne die Arbeit. Und alle Arbeit ist sinnlos ohne die Liebe.)

(Kahlil Gibran, 1883–1931, libanesisch-amerikanischer Maler, Philosoph und Dichter)

Kurze Selbstreflexion

- Wie schätze ich mich und mein bisheriges Handeln hinsichtlich des Themas dieser Lektion ein?
- Wie fällt hierzu meine persönliche Stärken-Schwächen-Analyse aus?

Was Sie wissen sollten

- Oftmals sehen wir uns in unserem Leben gleichzeitig mit mehreren Herausforderungen konfrontiert – Probleme in der Familie bei gleichzeitigem Stress am Arbeitsplatz, gesundheitliche Sorgen gehen einher mit finanziellen Schwierigkeiten, mehrere berufliche Projekte müssen zeitgleich erfolgreich abgewickelt werden, Athleten sehen sich nicht selten den diversen und konkurrierenden Ansprüchen ihres sozialen Umfeldes ausgesetzt, parallel hierzu werden sie ggf. von Verletzungssorgen und dem Spagat zwischen Schule/Ausbildung einerseits und ihren sportlichen Ambitionen andererseits geplagt.
- In unserer subjektiven Wahrnehmung folgen solche Ausnahmesituationen einer inneren Logik und stellen uns vor eine erhebliche Belastungsprobe: „Ein Unglück kommt selten allein", ist von daher vielfach zu hören.

- Zwei psychologische Phänomene kommen dabei zum Tragen: Zum einen erleben wir einzelne Anforderungen erst dann als besondere Belastung, wenn sie in der Kombination mit anderen Anforderungen auftreten, ansonsten wirken sie eben gar nicht belastend und erfordern demzufolge auch nicht unsere besondere Aufmerksamkeit. Zum anderen treten manche Anforderungen eben nicht zufällig zeitgleich auf, vielmehr stehen sie durchaus in engem Zusammenhang zueinander; so kann etwa der Stress am Arbeitsplatz angesichts der damit verbundenen Unausgeglichenheit durchaus Spannungen im Privatleben begünstigen, ebenso wird die ohnehin schwierige Balance zwischen schulischen Ansprüchen und sportlicher Leistungsentwicklung umso belastender wirken, je mehr zeitliche Ressourcen von einem Athleten darüber hinaus noch seitens seiner Familie und dem Freundeskreis eingefordert werden.
- Mehrfachbelastungen haben auf uns oftmals eine bedrohliche Wirkung, wir fühlen uns überfordert und den an uns gestellten Aufgaben nicht gewachsen. Der auf diese Weise ausgelöste Druck kann blockierend wirken und den effektiven Umgang mit diesen Belastungen behindern.
- Wie in anderen Lektionen bereits angesprochen, besteht auch im Falle von Mehrfachbelastungen ein erster wichtiger Schritt für einen effektiven Umgang in der Ausrichtung unserer Wahrnehmung auf den Herausforderungscharakter der Situation: Mehrfachbelastungen stellen an sich keine Bedrohung, sondern vielmehr eine besondere Form der Herausforderung dar.
- Damit verbunden ist allerdings die Überzeugung, dieser besonderen Form der Herausforderung auch gewachsen zu sein. Wir müssen also wissen, wie wir damit umzugehen haben, wir müssen quasi über einen „inneren Plan" verfügen.
- Eine solche Überzeugung resultiert am besten aus dem positiven Umgang mit ähnlichen Belastungskonstellationen in der Vergangenheit. Wenn wir wissen, dass wir bereits vergleichbar schwierige Aufgaben erfolgreich bewältigt haben, schöpfen wir daraus eine grundlegende

Sicherheit, wir werden entsprechend zuversichtlich uns den anstehenden Anforderungen stellen.

- Aber auch wenn solche aufbauenden Erfahrungen aus der Vergangenheit nicht vorhanden sind, wir ggf. sogar negative Erfahrungen gemacht haben, ist eine positive Grundhaltung wichtig bzw. sogar noch wichtiger für den angestrebten Erfolg. Gerade auch die Beschäftigung mit dieser Lektion soll von daher ermutigen, sich eben nicht einschüchtern zu lassen, also keineswegs defensiv, sondern vielmehr offensiv zu agieren.
- Ganz entscheidend ist in diesem Zusammenhang, nicht in blinden Aktionismus zu verfallen, sondern vielmehr zu versuchen, Schritt für Schritt die einzelnen Problembereiche anzugehen und hierfür zielführende Teilstrategien zu entwickeln. Je besser es gelingt, uns nicht treiben zu lassen, sondern uns vielmehr überlegt und mit Ruhe an die anstehenden Aufgaben zu machen, umso schneller und effektiver werden wir zu guten Lösungen kommen.
- Ein unterstützendes soziales Umfeld kann zudem einen wichtigen Anstoß geben, sich konstruktiv der schwierigen Situation zu stellen, indem es etwa im Sinne eines positiven Modells aus eigenen Erfahrungen berichtet und als Ansprechpartner beratend im Prozess der Entscheidungsfindung zur Verfügung steht.

Fragen zur weiteren Auseinandersetzung

- Sind Mehrfachbelastungen für mich ein besonderes Problem? Wie gehe ich bislang mit solchen Belastungen um?
- Welche Gedanken und Gefühle sind bei mir mit Mehrfachbelastungen verbunden? Wenn ich mich in meinem Handeln von außen betrachte: Sehe ich mich überwiegend als agierend oder als reagierend?
- Inwieweit beeinflusst mein soziales Umfeld den Umgang mit Mehrfachbelastungen? Welches sind förderliche, welches sind hingegen hemmende Aspekte?

Arbeiten Sie langfristig und überprüfen Sie sich kontinuierlich!

- Welche Erfolge haben die von mir vorgenommenen Veränderungen bislang bewirkt?
- Welche weiteren Maßnahmen sind erforderlich?

Lektion 34: Warnsignale beachten!

Ein Denkanstoß

Man kann nicht zweimal in den gleichen Fluß steigen.

(Heraklit, etwa 530–470 v. Chr., griechischer Philosoph)

Kurze Selbstreflexion

- Wie schätze ich mich und mein bisheriges Handeln hinsichtlich des Themas dieser Lektion ein?
- Wie fällt hierzu meine persönliche Stärken-Schwächen-Analyse aus?

Was Sie wissen sollten

- Unser Organismus ist ein hochkomplexes, faszinierendes System, bei dem unsere Funktionstüchtigkeit und unser Wohlergehen durch das komplexe Zusammenspiel der vielen einzelnen Elemente mit ihren jeweiligen Aufgabenbereichen sichergestellt werden.
- Funktionstüchtigkeit und Wohlergehen können jedoch beeinträchtigt werden, die möglichen Gründe hierfür sind vielfältig – erbliche Vorbelastungen in Kombination mit einem unzureichenden gesundheitsbewussten Verhalten sowie schädigende Umwelteinflüsse können zu temporären oder dauerhaften, mehr oder minder massiven Einschränkungen führen. Dies geschieht in den seltensten Fällen jedoch plötzlich und völlig unkalkulierbar; unser Organismus verfügt über ein Warnsystem, das uns rechtzeitig darüber informiert, wenn etwas nicht stimmt und dementsprechend Maßnahmen der Veränderung eingeleitet werden sollten. Die uns sicherlich bekannteste (und oftmals quälende) Komponente dieses Warnsystems ist der Schmerz. Darüber hinaus gibt es aber noch eine Vielzahl weiterer Hinweisgeber, die uns dafür sensibilisieren sollen, dass sich unser Organismus im Ungleichgewicht befindet.

- Für die persönliche mentale Fitness spielt die Beachtung solcher Warnsignale eine ganz entscheidende Rolle. Dabei kann als Grundregel gelten: Je frühzeitiger wir auf ein Warnsignal reagieren, umso effektiver können wir möglichen negativen Konsequenzen entgegen wirken bzw. ihnen für die Zukunft vorbeugen. Typische Warnsignale sind neben dem bereits erwähnten Schmerz bspw. Reizbarkeit, Schlafschwierigkeiten, Empfindlichkeiten des Magens, Kreislaufprobleme.
- Wir neigen nun dazu, solche Anzeichen oftmals zu negieren, zum Teil auch deshalb, um uns mit daraus resultierenden Folgen nicht näher auseinandersetzen zu müssen. Diese Strategie kann nur sehr kurzfristig subjektiv wirken, schließlich verschwinden diese Anzeichen in den wenigsten Fällen einfach von alleine. Ohne also an dieser Stelle dramatisieren zu wollen, spricht vieles dafür, den Gründen dieser Warnsignale nachzugehen – zumindest dann, wenn sie für eine gewisse Zeit uns kontinuierlich und „zuverlässig" heimsuchen.
- Vielfach haben solche Anzeichen keine somatische, also körperliche Ursache, sie können durchaus Ausdruck eines instabilen psychovegetativen Nervensystems sein; insofern tangieren sie unser psychisches Gleichgewicht und unsere mentale Fitness insgesamt. In diesen Fällen erscheint es dringend geraten, den Gründen dieser augenfälligen Überforderung nachzugehen und auf eine Veränderung hinzuarbeiten. Prinzipiell sind dabei als Problemfelder alle Bereiche des beruflichen und privaten Lebens denkbar.
- Wenn wir bereit sind, uns aktiv dem unbefriedigenden Status quo zu stellen, seine schädigende Wirkung auf uns zu erkennen und auf einen positiven Wandel hin zu arbeiten, ist der entscheidende erste Schritt zur Verbesserung getan. Denn wir dürfen nicht vergessen, dass uns Warnsignale unseres Organismus erst dann erreichen, wenn bereits eine deutliche Überbelastung vorliegt. Wirklich problematisch wäre es daher, trotz solcher (ggf. sogar intensiver und in unterschiedlichen Varianten vorliegender) Warnsignale untätig zu bleiben.

- Während wir selbst Warnsignale unseres Körpers oftmals nicht beachten oder diese gar nicht erkennen (wollen), ist unser soziales Umfeld hierfür oftmals sensibler, da externe Wahrnehmungen weitaus weniger von „blinden Flecken“ getrübt sind als die eigenen (dies wurde ja bereits in einigen Lektionen angesprochen). So bemerken Außenstehende bspw. ein ungewöhnliches Maß an Unausgeglichenheit an uns, eine nachdenklich stimmende Häufung von Krankheitsanfälligkeiten oder andere, für unsere Person eigentlich untypische Indikatoren. Das soziale Umfeld sollte sich keineswegs zurückhalten, dies klar und deutlich zu kommunizieren. Und auch an dieser Stelle gilt: Je früher dies passiert, umso besser ist es. Wir sollten diese Hinweise dann zumindest zum Anlass nehmen, uns selbst kritisch zu fragen, ob ggf. Handlungsbedarf besteht oder nicht. Hinzu kommt: Wir sollten uns kritisch hinterfragen, ob wir solche auffälligen Veränderungen zwar einerseits sensibel und fürsorglich bei anderen Menschen registrieren, uns aber dem Blick auf uns selbst verschließen.
- Unsere sozialen Beziehungen können uns aber noch weitere Warnsignale eröffnen: So kann eine hohe Krankheitsrate innerhalb einer Abteilung ein Hinweis auf gravierende Schwächen im Führungsverhalten sein, ein wichtiges Warnsignal also für einen Vorgesetzten. Macht sich der eigene Freundeskreis zunehmend rar, ist dies ebenso ein offenkundiger Indikator wie im Falle des Trainers, der nach anfänglichen Erfolgen immer geringeren Zulauf erfährt.
- In diesen Fällen werden wir also indirekt auf fehlerhaftes Verhalten aufmerksam gemacht. Solche Hinweise werden von uns nun besonders gerne missachtet, zielen sie doch auf unsere Schwachpunkte und schaden damit unserem Selbstbewusstsein sowie dem positiven Bild von uns selbst. Mit einem einfachen „weiter so“ kommen wir aber in diesen Situationen eben nicht weiter, vielmehr bedarf es einer reflektierenden und durchaus zum Teil auch schonungslosen Analyse der zu verändernden Verhaltensanteile.
- Die rechtzeitige Beachtung von Warnsignalen ist also – um im medizinischen Bild zu bleiben – eine äußerst effektive Form der Früher-

kennung von sich negativ entwickelnden Prozessen, die wir aktiv nutzen sollten. Sie bietet eine besondere Chance zur positiven Persönlichkeits- und Leistungsentwicklung! Genau wie in der Medizin sind wir allerdings diesbezüglich vielfach noch zu träge, wir lassen die Dinge viel zu häufig einfach auf uns zu kommen. Dadurch können dann schwerwiegende Probleme entstehen, bei denen wir es selbst versäumt haben, sie im Vorfeld zu vermeiden. Vieles spricht also dafür, unsere Haltung zu verändern und auf eine rechtzeitige Beachtung vorhandener (manchmal aber schwer sichtbarer) Warnsignale auszurichten.

Fragen zur weiteren Auseinandersetzung

- Welche Warnsignale haben mich in der Vergangenheit bereits darauf hingewiesen, dass etwas mit mir nicht stimmt? Gibt es in dieser Hinsicht typische Situationen bzw. Lebensbereiche?
- Wie gehe ich mit solchen Warnsignalen um? Betrachte ich sie als wichtige Hilfe, um ein vorhandenes Ungleichgewicht wieder ins Gleichgewicht zu bringen?
- Welche Rolle spielt dabei mein soziales Umfeld?

Arbeiten Sie langfristig und überprüfen Sie sich kontinuierlich!

- Welche Erfolge haben die von mir vorgenommenen Veränderungen bislang bewirkt?
- Welche weiteren Maßnahmen sind erforderlich?

Lektion 35: Seien Sie bereit zu Kompromissen!

Ein Denkanstoß

Es ist besser, unvollkommene Entscheidungen durchzuführen, als beständig nach vollkommenen Entscheidungen zu suchen, die es niemals geben wird.

(Charles de Gaulle, 1890–1970, französischer General und Politiker)

Kurze Selbstreflexion

- Wie schätze ich mich und mein bisheriges Handeln hinsichtlich des Themas dieser Lektion ein?
- Wie fällt hierzu meine persönliche Stärken-Schwächen-Analyse aus?

Was Sie wissen sollten

- Selbstverständlich versuchen wir alle, unsere Vorstellungen und Interessen so gut wie möglich in die Tat umzusetzen; dies insbesondere dann, wenn es sich um zentrale subjektive Bedürfnisse handelt. Diese Tendenz zur Selbstverwirklichung stellt ein grundlegendes und überaus wichtiges Motiv eines jeden Menschen dar.
- Genauso selbstverständlich ist es aber auch, dass wir bei unseren Versuchen der Umsetzung eigener Vorstellungen und Interessen immer wieder an Grenzen stoßen – neben Grenzen, die sich auf unsere persönlichen Potenziale beziehen, sind dies vor allem Grenzen, die uns von außen durch andere gesetzt werden.
- Eine grundsätzliche Bereitschaft zum Kompromiss stellt insofern eine entscheidende Voraussetzung dar, um den Umgang mit seinem sozialen Umfeld möglichst befriedigend gestalten zu können.
- Diese Bereitschaft bedeutet keineswegs, sich und seine eigenen Ziele und Haltungen aufzugeben, zu verleugnen oder sich gar zu „verbiegen" – wir müssen jedoch anerkennen, dass die Ziele und Haltungen

anderer eine genauso hohe Berechtigung besitzen, weshalb ein Ausgleich untereinander erforderlich ist für solche Fälle, in denen diese miteinander kollidieren.

- Sich mit seinen eigenen Bedürfnissen nicht über die Bedürfnisse anderer Menschen zu stellen, ist demzufolge keineswegs ein „Sich-Verbiegen", ganz im Gegenteil, es ist ein Zeichen ausgeprägter Sozialkompetenz.
- Besonders gefordert ist diese Sozialkompetenz in Situationen, in denen wir über größere Möglichkeiten als unser Umfeld verfügen, um unsere Vorstellungen ggf. auch auf Kosten anderer durchzusetzen – nämlich in der Regel in solchen Beziehungen, die sich durch ein Machtgefälle zu unseren Gunsten auszeichnen. Dies kann bspw. in der Familie oder auch im Berufsleben der Fall sein.
- Das Ausnutzen eines solchen Machtgefälles zur Durchsetzung der eigenen Interessen ist zwar reizvoll und mag auch kurzfristig Erfolg bringen, es hinterlässt aber meist in langfristiger Hinsicht Folgeschäden. So wird nicht nur die jeweilige Beziehung durch ein solches Verhalten belastet, zudem kann es versteckte oder offene, subtile oder offensichtliche Versuche der „Geschädigten" geben, mit gezielten Maßnahmen selbst Schaden anzurichten.
- Der Kompromiss hingegen sollte stets auf eine „Win-Win-Situation" ausgerichtet sein, in der also ein möglichst gleich verteilter Nutzen für alle Beteiligten resultiert. Vielfach ist dieser Anspruch gar nicht so schwer in die Tat umzusetzen, viel schwieriger ist es meist, überhaupt die Bereitschaft aller Akteure zum Kompromiss zu wecken.
- Der mangelnden Kompromissbereitschaft liegt oftmals der fehlende Perspektivenwechsel zugrunde: Wir sehen nur, was uns so wichtig ist, was uns ggf. verloren geht, welche guten Gründe es für unsere Haltung gibt – wir sehen aber nicht, was dem anderen wichtig ist, was ihm verloren geht und welche (oftmals mindestens genauso guten) Gründe dieser für seine Haltung anführen kann.
- Ein solcher Perspektivenwechsel wird uns umso eher gelingen, je stärker wir den Kompromiss nicht als einen Verlust, sondern als ei-

nen Gewinn betrachten: Was wir ggf. an eigenen Interessen im Rahmen des Kompromisses über Bord werfen, gewinnen wir auf der anderen Seite dadurch, dass wir soziale Beziehungen gestärkt und auf diese Weise ggf. auch für künftige schwierige Situationen Unterstützung gewonnen haben.

Fragen zur weiteren Auseinandersetzung

- Halte ich mich eher für einen kompromissbereiten Menschen oder strebe ich in erster Linie nach der Durchsetzung meiner Wünsche und Bedürfnisse?
- Sehe ich die Auseinandersetzung mit konkurrierenden Interessen und Vorstellungen als Chance?
- Strebe ich bei auftretenden Konflikten den Kompromiss im Sinne einer „Win-Win-Situation“ an? Welche Gründe gibt es für mein Verhalten?

Arbeiten Sie langfristig und überprüfen Sie sich kontinuierlich!

- Welche Erfolge haben die von mir vorgenommenen Veränderungen bislang bewirkt?
- Welche weiteren Maßnahmen sind erforderlich?

Lektion 36: Zu den richtigen Entscheidungen gelangen!

Ein Denkanstoß

Viel mehr als unsere Fähigkeiten sind es unsere Entscheidungen, die zeigen, wer wir wirklich sind.

(Joane K. Rowling, *1965, britische Schriftstellerin)

Kurze Selbstreflexion

- Wie schätze ich mich und mein bisheriges Handeln hinsichtlich des Themas dieser Lektion ein?
- Wie fällt hierzu meine persönliche Stärken-Schwächen-Analyse aus?

Was Sie wissen sollten

- Tagtäglich müssen wir Entscheidungen treffen, viele davon fallen uns leicht, sie sind nicht folgenschwer und gehören eher zur Routine des Alltagslebens. Allerdings gibt es eben auch Entscheidungen, bei denen viel auf dem Spiel steht, bei denen wir sorgsam abwägen müssen und die uns im wahrsten Sinne des Wortes Bauchschmerzen bereiten können.
- Entscheidungen letzterer Art können von uns in allen Lebensbereichen gefordert werden, sie können die Frage eines Arbeitsplatzwechsels genauso betreffen wie die Überlegung, sich von seinem langjährigen Lebenspartner zu trennen oder aber eine größere finanzielle Transaktion durchzuführen.
- Logischerweise wissen wir immer erst im Nachhinein, ob sich die gewählte Alternative als die richtige herausgestellt hat, wir also zielführend agiert haben. Für die Qualität einer Entscheidung spielt die umfassende Situationsdiagnose im Vorfeld eine zentrale Rolle.
- Wie bereits erörtert, werden unsere Entscheidungen umso positivere Effekte zeitigen, je stärker es uns gelingt, alle relevanten Komponen-

ten in unsere Entscheidungsfindung einzubeziehen, diese hinsichtlich ihrer Bedeutung angemessen zu gewichten und auf dieser Grundlage dann zu einem Ergebnis zu gelangen.

- Eine typische Fehlerquelle ist dabei unser Egozentrismus: Wir neigen dazu, nur die naheliegenden, für uns auf den ersten Blick greifbaren und gewichtigen Aspekte in unsere Analyse aufzunehmen. Dabei lassen wir außen vor, dass von unseren Entscheidungen in den allermeisten Fällen eben auch andere Personen betroffen sind und diese dementsprechend hierauf reagieren werden. Eine angemessene Antizipation solcher Reaktionen setzt nun aber voraus, dass wir unsere angedachte Entscheidung gleichermaßen aus deren Perspektive betrachten. Auf diese Weise lassen sich Konsequenzen antizipieren, die wir ansonsten vermutlich ignorieren würden.
- Oftmals ist uns nämlich gar nicht bewusst, was wir mit der einen oder anderen Entscheidung bei anderen Personen auslösen – und zwar deshalb nicht, weil wir die gesamte Situation nur von unserem eigenen Standpunkt aus betrachten und dabei verschiedene Facetten damit verbundener Folgen gar nicht erst in den Blick nehmen. Facetten, die wir aber überhaupt nicht wahrnehmen, können wir schwerlich im Zuge unseres Entscheidungsprozesses berücksichtigen.
- Typische Entscheidungsdilemmata resultieren immer dann, wenn die möglichen Alternativen uns beide gleichermaßen sinnvoll und attraktiv bzw. gleichermaßen unbefriedigend erscheinen. Dies macht Entscheidungen besonders schwierig und löst oftmals den Effekt aus, dass nach der getroffenen Entscheidung sehr stark das Gefühl aufkommt, einen (schweren) Fehler begangen zu haben.
- Von daher sollten wir stets voll und ganz hinter einer einmal getroffenen Entscheidung stehen und uns nicht selbst im Nachhinein verunsichern. Damit ist selbstverständlich nicht gemeint, etwaige Fehler zu ignorieren, falls wir im Nachhinein tatsächlich erkennen sollten, welche Schwachpunkte uns im Zuge des Entscheidungsprozesses entgangen sind. In solchen Fällen sollten wir durchaus den Mut besitzen, unsere Entscheidung zu revidieren – gerade auch im

Umgang mit anderen ist dies keinesfalls ein Zeichen von Schwäche, sondern vielmehr von Stärke, auch im Sinne sozialer Achtsamkeit.

- Zudem beinhaltet eine möglichst umfassende Diagnose die Fähigkeit zur Unterscheidung, auf welche Entwicklungsprozesse wir Einfluss nehmen können und auf welche nicht. Dass eine Entscheidung sich im Nachhinein nicht als erfolgreich erweist, kann insofern auch darin begründet sein, dass nicht im Vorfeld kalkulierbare Umstände eingetreten sind und eine Kenntnis dieser Umstände ggf. zu einer anderen Entscheidung geführt hätte. Es geht also stets darum, die für das eigene Handeln potenziell erkennbaren relevanten Komponenten in seine Analyse einzubeziehen, dabei allerdings die Unwägbarkeiten im Auge zu behalten, die unser Handeln immer wieder durchkreuzen können. Die in diesem Buch weiter besprochenen Komponenten zur Stärkung der mentalen Fitness unterstützen uns dabei, uns diesen schwierigen Situationen erfolgreich zu stellen.

Fragen zur weiteren Auseinandersetzung

- Wie stark ist mein tägliches Handeln durch Entscheidungen geprägt? Wie kommen meine Entscheidungen zustande?
- Spielen Status- oder Machtunterschiede bei meinen Entscheidungen eine bedeutsame Rolle? Auf welche Weise?
- Welche Komponenten sind mir im Zuge einer Entscheidungsfindung besonders wichtig?

Arbeiten Sie langfristig und überprüfen Sie sich kontinuierlich!

- Welche Erfolge haben die von mir vorgenommenen Veränderungen bislang bewirkt?
- Welche weiteren Maßnahmen sind erforderlich?

Lektion 37: Leistung und Zufriedenheit sind stets zwei Seiten einer Medaille!

Ein Denkanstoß

Wer nicht schon in der Arbeit Genugtuung findet, der wird nie zur Zufriedenheit gelangen.

(Peter Rosegger, 1843–1918, österreichischer Erzähler und Dichter)

Kurze Selbstreflexion

- Wie schätze ich mich und mein bisheriges Handeln hinsichtlich des Themas dieser Lektion ein?
- Wie fällt hierzu meine persönliche Stärken-Schwächen-Analyse aus?

Was Sie wissen sollten

- Lange Zeit hat die arbeitswissenschaftliche Forschung sich im Sinne des Homo Oeconomicus einseitig auf die Frage konzentriert, mit welchen Maßnahmen sich das Leistungsverhalten der Menschen optimieren lässt. Neben der Suche nach den fachlich kompetentesten Mitarbeitern erforschte man folgerichtig in erster Linie die Bedingungen des Arbeitsumfeldes, die technischen Rahmenbedingungen usw., die positiv bzw. negativ auf die Effektivität des beruflichen Handelns Einfluss nehmen könnten.
- Mittlerweile wissen wir natürlich, dass die Betrachtung förderlicher oder hemmender Bedingungen für das Leistungsverhalten zu einseitig ist. Vielmehr spielen psychologische Komponenten und damit eben Fragen der Motivation und der subjektiven Bedürfnisse eine ganz entscheidende Rolle. Jedem von uns ist aus eigener Erfahrung bekannt, dass Leistung und Zufriedenheit nicht voneinander zu trennen sind, sondern vielmehr Hand in Hand gehen.

- Als zwei Seiten derselben Medaille können hohe Leistungen langfristig also nicht ohne ein entsprechend hohes Maß an Zufriedenheit realisiert werden – ein Gedanke, der sehr logisch erscheint, der aber immer noch viel zu oft vernachlässigt wird.
- Zwar geben glückliche Kühe nicht zwangsläufig mehr Milch, denn für die gute Milchproduktion sind – um im Bild zu bleiben – eine Reihe von Faktoren ausschlaggebend wie bspw. die Konstitution der Kühe, die Art der Haltung oder die Futterversorgung.
- Was uns das Bild aber durchaus verdeutlichen kann, ist die Tatsache, dass motivierende und zufriedenstellende Rahmenbedingungen eine entscheidende Grundlage dafür darstellen, die Potenziale für hohe Leistungen zu aktivieren.
- Die Vernachlässigung ebendieser (auf den ersten Blick so logischen) Komponente stellt sich nichtsdestotrotz in eindrucksvoller Weise dar, wenn wir uns den Umgang mit Leistungssituationen in den verschiedensten Lebensbereichen vergegenwärtigen: Betrachten wir etwa die Bemühungen im Arbeitsleben zur Optimierung des Leistungsverhaltens – wie viele Ressourcen werden hierbei auf die Aspekte der Motivation und der Zufriedenheit verwendet? Nehmen wir den Bereich des Sports: Wie viele Bemühungen gehen in die Richtung der technischen oder taktischen Verbesserungen, wie viele hingegen in Richtung der individuellen Psychohygiene?
- Oftmals wird ein Handlungsbedarf erst dann gesehen, wenn sich im Bereich der Motivation und der Zufriedenheit gravierende Fehlentwicklungen abzeichnen. Der Anteil deutlich angestiegener psychosozial bedingter Krankheitserscheinungen und Ausfälle in allen Bereichen des Berufslebens ist von daher keineswegs verwunderlich, manifestiert sich darin eben genau dieses Ungleichgewicht.
- Entscheidend ist also ein grundsätzliches Umdenken dahingehend, beide Seiten der Medaille, nämlich Leistung und Zufriedenheit, gleichermaßen und durchgängig in den Blick zu nehmen. Im Sinne einer ausgeprägten mentalen Fitness und psychischen Stabilität muss

unser Handeln dementsprechend auf eine ausgeglichene Balance dieser beiden Komponenten ausgerichtet sein.

- Eine solche Balance zu erzielen bzw. diese aufrechtzuerhalten bedeutet von daher, sehr genau die Konsequenzen leistungsbezogenen Handelns zu beachten. Nicht selten sind diese zwar auf den ersten Blick zielführend, auf den zweiten Blick aber eben doch kontraproduktiv, da sie das Gleichgewicht von Leistung und Zufriedenheit zumindest in langfristiger Perspektive negativ belasten.
- Diese Aufgabe stellt sich vor allem auch für Menschen, die Verantwortung für andere übernehmen, sei es als Führungskräfte im Berufsleben, als Trainer im Sport oder auch als Erziehende für die ihnen anvertrauten Kinder und Jugendlichen. Diese Aufgabe stellt sich aber auch für uns alle im Sinne der Förderung der eigenen mentalen Fitness: Überfordern wir uns in unserem Streben nach höherer Leistungsfähigkeit nicht einseitig, vernachlässigen wir nicht sträflich den Stellenwert persönlicher Ausgeglichenheit, Motivation und Zufriedenheit. Mögliche negative Folgen hieraus sind in den verschiedenen Lektionen dieses Buches bereits behandelt worden.

Fragen zur weiteren Auseinandersetzung

- Inwieweit stellen in meinem eigenen Leben Leistung und Zufriedenheit tatsächlich zwei Seiten derselben Medaille dar?
- Welche Ursachen sind bei mir dafür verantwortlich, wenn die Balance zwischen diesen beiden Seiten ins Ungleichgewicht gerät? In welchen Situationen bzw. Lebensbereichen tritt ein solches Ungleichgewicht bei mir persönlich auf?
- Versuche ich aktiv, einem Ungleichgewicht von Leistung und Zufriedenheit vorzubeugen bzw. diesem zu begegnen? Auf welche Weise tue ich das? Lässt sich mein diesbezügliches Handeln optimieren?

Arbeiten Sie langfristig und überprüfen Sie sich kontinuierlich!

- Welche Erfolge haben die von mir vorgenommenen Veränderungen bislang bewirkt?
- Welche weiteren Maßnahmen sind erforderlich?

Lektion 38: Aktiv leben!

Ein Denkanstoß

Alles Alte, soweit es Anspruch darauf hat, sollen wir lieben, aber für das Neue sollen wir recht eigentlich leben.

(Theodor Fontane, 1819–1898, deutscher Schriftsteller)

Kurze Selbstreflexion

- Wie schätze ich mich und mein bisheriges Handeln hinsichtlich des Themas dieser Lektion ein?
- Wie fällt hierzu meine persönliche Stärken-Schwächen-Analyse aus?

Was Sie wissen sollten

- Manchem Leser mag die Aufforderung zum aktiven Leben abgedroschen vorkommen, begleitet dieser Slogan doch mittlerweile eine Vielzahl von Ratgebern und Handlungsanleitungen zu einer sinnvolleren Lebensführung.
- Nichtsdestotrotz wird damit ein ganz wesentliches Element im Kontext mentaler Fitness und psychischer Stabilität angesprochen – der Begriff „aktiv" bezieht sich nämlich nicht auf ein „einfaches" Mehr an sportlicher Aktivität, eine bewusstere und gesündere Ernährung, eine stärkere Betonung des persönlichen Freizeitraumes, „aktiv" meint vielmehr selbstbestimmt, meint eine konsequent agierende anstatt einer reagierenden Lebensführung.
- Ein in diesem Sinne aktives Leben ist darauf ausgerichtet, dass der Mensch sich in möglichst vielen Bereichen seines Handelns zu verwirklichen sucht, seinen Fähigkeiten und Talenten, Neigungen und Interessen nachgehen kann, ohne sich dabei selbst zu stark zurückzunehmen bzw. sich durch die Bedingungen seines Umfeldes zu sehr einschränken zu lassen.

- Dies bedeutet natürlich nicht, wie ja bereits an anderer Stelle angesprochen, ohne Rücksicht auf die Belange anderer egozentrisch auf die Durchsetzung seiner persönlichen Vorstellungen zu drängen. Zufriedenheit und innere Ausgeglichenheit finden sich letztendlich nur in hinreichender Balance zum sozialen Miteinander.
- Allerdings sind wir für ebendiese Balance in erster Linie selbst verantwortlich – eine zu starke (Selbst-)Einschränkung unseres Bedürfnisses nach Selbstverwirklichung macht uns auf die Dauer unzufrieden und unausgeglichen, sie wirkt sich negativ auf unser Selbstwertgefühl aus und behindert von daher auch Motivation und Leistungsvermögen.
- Ein solches Streben nach einer aktiven Lebensführung ist insofern eine dauerhafte, lebenslange Aufgabe, die wir zu keinem Zeitpunkt beendet haben: Der Mensch entwickelt sich stets weiter, er entdeckt für sich neue Ziele und Herausforderungen, er erkennt an sich bislang ungeahnte Potenziale oder Interessen. Oftmals kommen Anstöße hierzu gerade von außen, so etwa durch einen neuen Arbeitsplatz, Anregungen aus dem Freundeskreis oder beeindruckende Urlaubserlebnisse.
- In diesem Sinne haben wir auch immer wieder die Chance zur Veränderung, wir können also stets einen Schritt in Richtung einer aktiveren, selbstbestimmteren Lebensführung tun. Hierbei muss es sich nicht um fundamentale Umbrüche unserer Lebenssituation handeln, oftmals reichen kleinere Korrekturen bereits aus, um nachhaltige Wirkungen in die gewünschte Richtung zu entfalten.
- Nicht umsonst bezeichnen wir Menschen uns gerne als „Gewohnheitstiere", und die Bedeutung vieler Gewohnheiten und Rituale in unserem Leben für Zufriedenheit und subjektive Sicherheit ist ja bereits besprochen worden. Allerdings dürfen wir dabei nicht übersehen: Nichts von dem, was uns massiv beeinträchtigt, ist unveränderbar und muss von uns als dauerhafte Belastung passiv hingenommen werden.

- Insofern bemerken wir manches Mal erst durch das aktive Reflektieren der eigenen Lebensführung, welche Möglichkeiten uns überhaupt noch offen stehen, wenn wir die Chance zur Selbstbestimmung tatsächlich ergreifen wollen.
- Es lohnt sich also, sich immer wieder kritisch selbst zu hinterfragen und auf diese Weise Wege zu erkunden, welche den Grundprinzipien eines aktiven Lebens stärker entsprechen – gerade auch der Austausch mit einem vertrauenswürdigen Umfeld, das mit einem entsprechenden Abstand unser Agieren kritisch betrachtet, kann dabei eine wertvolle Unterstützung sein.

Fragen zur weiteren Auseinandersetzung

- Habe ich den Eindruck, mein Leben aktiv zu gestalten? Woran mache ich meine Einschätzung fest?
- Kenne ich meine Potenziale und versuche ich, diese auch hinreichend umzusetzen? Was hindert mich ggf. daran?
- Gibt es Situationen bzw. Lebensbereiche, in denen ich vornehmlich reagiere und nicht agiere?

Arbeiten Sie langfristig und überprüfen Sie sich kontinuierlich!

- Welche Erfolge haben die von mir vorgenommenen Veränderungen bislang bewirkt?
- Welche weiteren Maßnahmen sind erforderlich?

Lektion 39: Bleiben Sie sich stets selbst treu!

Ein Denkanstoß

So etwas wie einen guten Einfluß gibt es nicht. (...) Jeder Einfluß ist unmoralisch – unmoralisch vom wissenschaftlichen Standpunkt aus. (...) Weil einen Menschen beeinflussen so viel bedeutet, wie ihm die eigene Seele geben. Er denkt nicht mehr seine natürlichen Gedanken oder entflammt in seinen natürlichen Leidenschaften. Seine Tugenden gehören in Wahrheit nicht ihm. Seine Sünden, wenn es so etwas wie Sünden gibt, sind geborgt. Er wird das Echo der Musik eines anderen, der Darsteller einer Rolle, die nicht für ihn geschrieben wurde. Das Ziel des Lebens ist Selbstentfaltung. Seine eigene Natur vollständig verwirklichen – das ist es, wozu jeder von uns da ist. Heutzutage haben Leute die Angst vor sich selbst. Sie haben die höchste aller Pflichten vergessen, die Pflicht, die man sich selbst schuldig ist.

(Oscar Wilde, 1854–1900, irischer Lyriker, Dramatiker und Bühnenautor)

Kurze Selbstreflexion

- Wie schätze ich mich und mein bisheriges Handeln hinsichtlich des Themas dieser Lektion ein?
- Wie fällt hierzu meine persönliche Stärken-Schwächen-Analyse aus?

Was Sie wissen sollten

- Wie bereits an verschiedenen Stellen dieses Buches ausgeführt, stellt der Wille zur Veränderung eine elementare Voraussetzung für eine positive Entwicklung über den Lebenslauf dar. Trotz oder besser wegen dieses eindringlichen Plädoyers für den kontinuierlichen Wandel ist es für die psychische Stabilität des Menschen ungemein wichtig, sich dabei treu zu bleiben.

- Wir machen das „Erwachsensein“, also den Übergang vom Jugend- in das Erwachsenenalter, gerne an äußeren Symbolen wie dem Auszug aus der elterlichen Wohnung, dem Eintritt in das Berufsleben oder auch der Entscheidung für einen festen Lebenspartner fest. Aus psychologischer Perspektive jedoch steht für das „Erwachsensein“ vor allem die Herausbildung einer eigenständigen Identität im Mittelpunkt. Diese Identität ist gekennzeichnet durch die Übernahme diverser, als verbindlich erachteter Werte und Normen, welche das individuelle Denken und Handeln prägen. Mit Hilfe dieser Werte und Normen als „moralische Instanz“ verfügen wir über einen Bewertungsmaßstab dahingehend, was „gut“ oder „schlecht“ bzw. „sozial angemessen“ oder eben „sozial unangemessen“ ist. Die Identitätsentwicklung vollzieht sich im Jugendalter, sie ist geprägt durch die Auseinandersetzung und Reibung mit den Werten und Normen der Erwachsenenwelt bei einer gleichzeitig zunehmenden Bedeutung jugendlicher Bezugsgruppen (den sog. Peers).
- „Sich stets selbst treu bleiben“ meint in diesem Sinne die immer wieder stattfindende Orientierung unseres Denkens und Handelns an den eigenen Maßstäben für „gutes“ und „sozial angemessenes“ Verhalten – und zwar gleichermaßen mit Blick auf die Beurteilung anderer Personen, aber selbstverständlich auch mit Blick auf das eigene Handeln. Der Ausspruch „man muss reinen Gewissens in den Spiegel schauen können“ trifft den Kern dieses Anspruches sehr gut. Sich selbst stets treu bleiben impliziert von daher, sich nicht zu verbiegen, seine Überzeugungen nicht zu „verkaufen“, mit gutem Gewissen vertreten zu können, wie man seinem sozialen Umfeld gegenüber agiert.
- Unser Gewissen als moralische Instanz im Hintergrund weist uns also immer wieder darauf hin, wenn wir uns zu sehr von unseren eigenen Werten und Normvorstellungen entfernen. Viele psychologische Theorien haben sich diesem Phänomen gewidmet; Einigkeit besteht sicherlich dahingehend, dass in solchen Fällen ein unangenehmer psychologischer Spannungszustand aufgebaut wird, und wir in der Folge versuchen, diesen möglichst rasch zu beseitigen.

- Die „einfachste“ Form des Spannungsabbaus besteht nunmehr sicherlich darin, sein Handeln dergestalt zu korrigieren, dass man sich wieder in Einklang mit seinen Überzeugungen befindet. Oftmals erscheint uns aber der Preis dafür zu hoch zu sein: Manches Mal erleben wir den Druck von außen als zu stark, in anderen Situationen ist der antizipierte Lohn zu verlockend; ggf. erscheint es uns bisweilen auch bequemer und ist insofern eine pragmatische Entscheidung, unser Gewissen kurzzeitig „über Bord zu werfen“.
- Oftmals bedient sich unser psychologischer Apparat aber auch weitaus subtilerer Strategien, um den unangenehmen Spannungszustand subjektiv in den Griff zu bekommen. Dies ist dann der Fall, wenn wir unsere Überzeugungen gemäß dem gewünschten Handeln „passend machen“ oder aber unsere Zweifel und Skepsis gar nicht erst an unser Bewusstsein heranlassen, diese also verdrängen bzw. verleugnen.
- Es verwundert sicherlich nicht, dass Strategien dieser Art zumindest langfristig der psychischen Gesundheit nicht förderlich sind. Vordergründig scheint das Problem zwar zunächst beseitigt zu sein, das belastende Konfliktpotenzial bleibt allerdings weiterhin wirksam.
- Man könnte nun vielleicht zu der Auffassung gelangen, dass eine Vielzahl von Problemen erst durch einen besonders hohen moralischen Anspruch an sich selbst geschaffen wird. Hat es nicht also derjenige wesentlich leichter in seinem Leben, dessen Gewissen weniger an ethischen Standards und gesellschaftlichen Konventionen, sondern vielmehr primär an den eigenen Bedürfnissen und Interessen ausgerichtet ist? Auf den ersten Blick betrachtet sicherlich ja. Allerdings ist eine solche Grundhaltung nicht nur aus einer gesellschaftlichen Perspektive heraus unakzeptabel, vielmehr wird auch der Einzelne damit scheitern (müssen) – eine egozentrische Lebenshaltung wird zunehmend an den facettenreichen Widerständen des sozialen Umfeldes scheitern, sie wird in der Folge langfristig zu individueller Isolation und Ausgrenzung führen.
- Wünschenswert ist von daher in jedem Fall die Etablierung möglichst hoher moralischer Standards als Entscheidungsgrundlage für indivi-

duelles Denken und Handeln. Solche Standards werden selbstverständlich in der Familie und in den zentralen pädagogischen Instanzen wie Kindergarten und Schule vermittelt, darüber hinaus im Sinne eines lebenslangen Lernens in den diversen Berufsphasen oder im Zuge des Kontaktes mit relevanten Bezugspersonen auch im Erwachsenenalter.

- Sich stets selbst treu bleiben bedeutet dabei nicht, die eigenen moralischen Standards unhinterfragt zu lassen. Im Gegenteil: Diese müssen wir gleichermaßen immer wieder auf den Prüfstand stellen, wobei es für uns eine permanente Herausforderung darstellt, angesichts sich kontinuierlich verändernder gesellschaftlicher Begebenheiten auch in dieser Hinsicht zu wachsen. Aktuelle Beispiele hierfür sind die Energiewende oder auch das zunehmende Plädoyer für mehr Geschlechter- und Generationengerechtigkeit in unseren sozialen Systemen.

Fragen zur weiteren Auseinandersetzung

- Welche Werte und Normen bilden die Grundlage für mein eigenes Denken und Handeln? Unterscheidet sich meine Orientierung an diesen Werten und Normen für die verschiedenen Lebensbereiche?
- Haben sich meine moralischen Grundhaltungen im Lebenslauf bedeutsam verändert? Welche Gründe hat es hierfür gegeben?
- Vergleiche ich meine eigenen Werte und Normen mit denen meines sozialen Umfeldes? Stelle ich meine Standards in Frage?

Arbeiten Sie langfristig und überprüfen Sie sich kontinuierlich!

- Welche Erfolge haben die von mir vorgenommenen Veränderungen bislang bewirkt?
- Welche weiteren Maßnahmen sind erforderlich?

Lektion 40: Sie können Ihre mentale Fitness trainieren – ein Blick in die Zukunft!

Ein Denkanstoß

Die Zukunft kann man am besten voraussagen, wenn man sie selbst gestaltet.

(Alan Kay, *1940, amerikanischer Informatiker)

Was Sie wissen sollten

- Mit der Bearbeitung dieser 40 Lektionen bekommen Sie hoffentlich eine Reihe von Anregungen und Hinweisen, auf welche Weise Sie Ihre mentale Fitness verbessern können.
- Das Entscheidende ist aber nun die Übertragung in Ihren Alltag – belassen Sie es nicht bei der hinter Ihnen liegenden Lektüre, sondern versuchen Sie immer wieder aufs Neue, die sich Ihnen bietenden Möglichkeiten und Ansatzpunkte aktiv zu nutzen.
- Stehen Sie sich dabei allerdings nicht selbst im Weg, indem Sie zu schnell zu viel erwarten: Wie in den verschiedenen Lektionen ja angesprochen, sind Denk- und Verhaltensroutinen bei uns allen sehr fest verankert, es geht von daher vielmehr um die vielen kleinen Schritte auf dem Weg zu einer (noch) positiveren Persönlichkeits- und Leistungsentwicklung. Dies verlangt aber auch Willen und Disziplin – die Stärkung mentaler Fitness stellt einen Lernprozess dar, der von uns stetige Motivation und Anstrengung erfordert.
- Lassen Sie sich von daher keineswegs von kleinen oder ggf. auch größeren Rückschritten entmutigen, seien Sie vielmehr beharrlich in Ihrem Bemühen, sich konsequent in die gewünschte Richtung zu entwickeln und positiv zu verändern.
- Oftmals fallen wir trotz guter Fortschritte dann doch wieder einmal in alte Strukturen zurück, dies kann dann Gefühle der Frustration und Enttäuschung nach sich ziehen: „Ich hätte nicht erwartet, dass mir das

immer noch passieren kann." Angesichts solcher Erfahrungen wird schnell die eigene positive Entwicklung insgesamt in Frage gestellt, wir sehen das halb leere und nicht das halb volle Glas. Seien Sie auf solche Situationen vorbereitet, denn sie passieren uns allen immer wieder und sind keineswegs ein Grund zur Resignation. Ganz im Gegenteil, sie sollten Anlass und Motivation für die weitere Arbeit an sich sein. Sich dem Verfallen in alte Denk- und Handlungsmuster bewusst zu werden, stellt dabei einen ersten wichtigen Schritt dar.

- Und behalten Sie stets im Kopf: Das Training mentaler Fitness ist keine unangenehme Last, vielmehr macht es Spaß, an sich zu arbeiten und zu merken, wie sich darüber das eigene Wohlbefinden und der Umgang auch mit schwierigen Ereignissen weiter verbessern lassen. Führen Sie sich Ihre erzielten (kleinen) Fortschritte dabei immer wieder vor Augen.
- Greifen Sie dabei immer wieder auf die einzelnen Lektionen und die darin gegebenen Hinweise zurück, nehmen Sie sich noch einmal gezielt den einen oder anderen Denkanstoß vor, prüfen Sie sich an konkreten Situationen im Alltag.
- Nutzen Sie zudem ganz gezielt die Rückmeldungen, die Ihnen aus Ihrem sozialen Umfeld gegeben werden. Sie erfahren hierdurch, welche Veränderungen an Ihnen wahrgenommen werden. Dies hilft Ihnen, Ihr Bild von sich selbst unter Bezug auf Ihre Außenwirkung kritisch zu hinterfragen.
- Ermutigen Sie im Gegenzug auch andere Personen, etwaige Schwächen im Bereich der mentalen Fitness keineswegs als unveränderlich zu akzeptieren, sondern vielmehr zu versuchen, diese Schwächen in eine positive Richtung zu verändern.
- Verinnerlichen Sie das diesem Buch zugrundeliegende Prinzip: Wer aufgibt, wird nie Sieger – und ein Sieger gibt nicht auf!

Fragen zur weiteren Auseinandersetzung

- Was habe ich durch die Auseinandersetzung mit meinen mentalen Stärken und Schwächen anhand dieser Lektüre gelernt?
- Welche Schritte nehme ich mir nunmehr für die Zukunft vor? Welche besonders zentralen Ansatzpunkte sehe ich für mich?
- In welchen Situationen und Lebensbereichen werde ich in besonderer Weise versuchen, meine Persönlichkeits- und Leistungsentwicklung aktiv zu fördern?

Arbeiten Sie langfristig und überprüfen Sie sich kontinuierlich!

- Welche Erfolge haben die von mir vorgenommen Veränderungen bislang bewirkt?
- Welche weiteren Maßnahmen sind erforderlich?

Quellenangaben zu den verwendeten Zitaten:

Lektion 1: Schweitzer, A. (2006). *Danke... Und werde glücklich!* Offenbach: GABAL, S. 26.

Lektion 2: Schweitzer, A. (2006). *Danke... Und werde glücklich!* Offenbach: GABAL, S. 51.

Lektion 3: Proust, M. (2000). *Auf der Suche nach der verlorenen Zeit* (1.-3. Band). Frankfurt a.M.: Suhrkamp, S. 3192.

Lektion 4: : Heine, H. (1966). *Zur Geschichte der Religion und Philosophie in Deutschland. Berlin*: Insel, S. 143.

Lektion 5: McDougall, W. (1951). *Charakter und Lebensführung. Praktische Psychologie für jedermann* (deutschsprachige Erstausgabe). Bern: Francke, S. 19.

Lektion 6: Hillary, E.P. (2009). *Reader´s Digest Deutschland*, S. 51.

Lektion 7: Hegel, G.W.F. (1970). *Phänomenologie des Geistes*. Frankfurt a.M.: Suhrkamp, S. 33.

Lektion 8: von Goethe, J.W. (1808). *Faust: Eine Tragödie* (I. Teil). In: Goethes Werke (13 Bände). Stuttgart, Tübingen: Cotta, S. 119.

Lektion 9: Hilty, C. (1985). *Schlaflose Nächte*. Freiburg: Herder, S. 4.

Lektion 10: Ford, H. & Crowther, S. (1922). *My Life and Work* (Autobiography). New York: Doubleday, Page & Company, S. 19.

Lektion 11: Seneca, L.A. (1909). *Vom glückseligen Leben* (hrsg. v. H. Schmidt). Stuttgart: A. Kröner, S. 17.

Lektion 12: Yutang, L. (1937). *The Importance of Living*. New York: Reynal & Hitchcock, S. 10.

Lektion 13: Mankell, H. (2007). *Die italienischen Schuhe*. Wien: Paul Zsolnay, S. 111.

Lektion 14: Martel, Y. (2003). *Schiffbruch mit Tiger*. Frankfurt a.M.: Fischer, S. 344.

Lektion 15: Schopenhauer, A. (2011). *Die Kunst sich Respekt zu verschaffen*. München: Beck, S. 74.

Lektion 16: Novalis (1953). *Die Lehrlinge zu Sais. Novalis, Werke und Briefe* (hrsg. v. A. Kelletat). München: Winkler, S. 106.

Lektion 17: Hesse, H. (1964). *Ausgewählte Briefe*. Frankfurt a.M.: Suhrkamp, S. 465f.

Lektion 18: Brecht, B. (2004). *Geschichten vom Herrn Keuner – Zürcher Fassung*. Frankfurt a.M.: Suhrkamp, S. 53.

Lektion 19: von Hillern, W. (1886). *Ein Arzt der Seele*. Berlin: Otto Janke, S. 129.

Lektion 20: L'habitant, B. (2012). *Du machst Schule! Warum das Bildungssystem versagt, was junge Menschen wirklich lernen müssen und wie wir ihnen dabei helfen.* München: Südwest, S. 218.

Lektion 21: Ebner-Eschenbach, M. Freifr. V. (1911). *Aphorismen.* Berlin: Gebrüder Paetel, S. 10.

Lektion 22: Voltaire (1967). *Philosophisches Wörterbuch.* Frankfurt a.M.: Insel, S. 44.

Lektion 23: Krishnamurti, J. (2006). *Vollkommene Freiheit* (5. Aufl.). Frankfurt a.M.: Fischer, S. 148f.

Lektion 24: Avenarius, F. (1913). *Gesundbrunnen – Kalender des Dürerbundes.* München: Callwey.

Lektion 25: Grünstäudel, M. (2012). *Die schönsten Zitate für Erfolg und Lebensglück.* Norderstedt: BoD, S.66.

Lektion 26: Dostojewski, F.M. (2004). *Der Jüngling. Sämtliche Werke in zehn Bänden.* München: Piper, S. 542.

Lektion 27: Kant, I. (1970). *Kritik der praktischen Vernunft* (IV. Band). Werke in 6 Bänden. W. Weischedel. Darmstadt: Wissenschaftliche Buchgesellschaft, S. 140.

Lektion 28: Blech-Straub, D. (2004). *Das überzeugende Zitat.* Mannheim: Duden, S. 16.

Lektion 29: Freud, S. (1930). *Das Unbehagen in der Kultur.* Leipzig: IPV, S. 136.

Lektion 30: Roth, H. (1971). *Entwicklung und Erziehung: Grundlagen einer Entwicklungspädagogik.* Hannover: Schroedel, S. 166f.

Lektion 31: Einstein, A. (1997). *Einstein sagt* (hrsg. v. A. Calaprice). München, Zürich: Piper, S. 48.

Lektion 32: Kast, V. (1988). *Der schöpferische Sprung. Vom therapeutischen Umgang mit Krisen.* Olten: Walter, S. 20.

Lektion 33: Gibran, K. (1988). *The Greatest Works of Kahlil Gibran.* Bombay: Jaico Publishing House, S. 37.

Lektion 34: Vorländer, K. (1969). *Philosophie des Altertums 1.* Reinbek bei Hamburg: Rowohlt, S. 91.

Lektion 35: de Gaulle, C. (1968). *Texte zur Deutschlandpolitik* (12. Band). Köln: Deutscher Bundes-Verlag, S. 608.

Lektion 36: Rowling, J. (2000). *Harry Potter und die Kammer des Schreckens.* Hamburg: Carlsen, S. 343.

Lektion 37: Rosegger, P. (1916). *Heimgärtners Tagebuch.* In: Gesammelte Werke (33. Band). Leipzig: Staackmann, S. 75.

Lektion 38: Reuter, H.-H. (1968). *Fontane* (3. Band). München: Nymphenburger Verlagshandlung, S. 851.

Lektion 39: Wilde, O. (1972). *Das Bildnis des Dorian Gray.* München: Winkler, S. 25.

Lektion 40: Kay, A. (1998). *Wie ein Vogel im Aquarium* (6. Ausgabe). Stuttgart: Books on Demand, S. 49.

Weiterführende Literatur

Literatur des Autors zum Weiterlesen

2013: *Vertraut Euch!* Berlin: Frank & Timme.

2012: *Psychologie im Leistungssport. Ein Ratgeber für die Praxis mit Beiträgen prominenter Athletinnen und Athleten* (Sport und gesellschaftliche Perspektiven 4). Frankfurt a.M.: Peter Lang. (unter der Mitarbeit von E. Petermann, M. Söker & J. Padberg)

2011: *Kinder und Jugendliche im Leistungssport – eine Herausforderung für Eltern und Trainer. Ein pädagogisch-psychologischer Leitfaden* (Sport und gesellschaftliche Perspektiven 3). Frankfurt a.M.: Peter Lang. (unter der Mitarbeit von E. Petermann und M. Söker)

2007: *Mentale Fitness im Tennis. Das Aufbauprogramm* (Psychologie und Gesellschaft 6). Frankfurt a.M.: Peter Lang.

2006: *Vertrauen im Leistungssport* (Psychologie und Gesellschaft 4). Frankfurt a.M.: Peter Lang.

2005: *Mentale Fitness im Sport. Das Basisprogramm*. Regensburg: Roderer.

Ergänzende Literaturempfehlungen zu den behandelten Inhaltsfeldern

Asendorpf, J.B. & Neyer, F.J. (2011). *Psychologie der Persönlichkeit.* (5., vollst. überarb. Aufl.). Berlin/Heidelberg: Springer.

Auhagen, A.E. (Hrsg.). (2008). *Positive Psychologie – Anleitung zum „besseren" Leben* (2. Aufl.). Weinheim: Beltz.

Bierhoff, H.W. (2006). *Sozialpsychologie. Ein Lehrbuch* (6., überarb. u. erw. Aufl.). Stuttgart: Kohlhammer.

Brandstätter, V. & Otto, J.H. (2009). *Handbuch der Allgemeinen Psychologie – Motivation und Emotion*. Göttingen: Hogrefe.

Eberspächer, H. (2004). *Mentales Training* (6., aktual. u. überarb. Aufl.). München: Stiebner.

Mayer, J. & Hermann, H.-D. (2011). *Mentales Training* (2., vollst. überarb. Aufl.). Berlin: Springer.

Schlag, B. (2013). *Lern-und Leistungsmotivation* (4. Aufl.). Wiesbaden: Springer VS.

Solms, A. (2009). *Das große Buch der Konzentrationstechniken: Motivation steigern, Prüfungen vorbereiten, Konzentration trainieren, Entspannung lernen.* München: Compact.

Wagner-Link, A. (2009). *Aktive Entspannung und Stressbewältigung: Wirksame Methoden für Vielbeschäftigte* (6. Aufl.). Renningen: expert.

Watzlawick, P. (Hrsg.). (2006). *Die erfundene Wirklichkeit: Wie wissen wir, was wir zu wissen glauben? Beiträge zum Konstruktivismus.* München: Piper.